“十一五”国家重点图书出版规划项目

北京市社会科学理论著作出版基金重点资助项目

启功全集

（修 订 版）

第十八卷

手 稿

北京师范大学出版集团
BEIJING NORMAL UNIVERSITY PUBLISHING GROUP
北京师范大学出版社

图书在版编目（CIP）数据

启功全集（修订版）. 第18卷，手稿 / 启功著. —北京：北京师范大学出版社，2012.9

ISBN 978-7-303-14712-0

Ⅰ. ①启… Ⅱ. ①启… Ⅲ. ①启功（1912—2005）–文集 ②启功（1912—2005）–手稿 Ⅳ. ①C53

中国版本图书馆CIP数据核字（2012）第181120号

营销中心电话　010-58802181 58805532
北师大出版社高等教育分社网　http://gaojiao.bnup.com.cn
电子信箱　beishida168@126.com

QIGONG QUANJI

出版发行：北京师范大学出版社 www.bnup.com.cn
北京新街口外大街19号
邮政编码：100875
印　　刷：北京盛通印刷股份有限公司
经　　销：全国新华书店
开　　本：170 mm × 260 mm
印　　张：372.5
字　　数：5021千字
版　　次：2012年9月第1版
印　　次：2012年9月第1次印刷
总 定 价：2680.00元（全二十卷）

策划编辑：李　强　　责任编辑：李　强
美术编辑：毛　佳　　装帧设计：李　强
责任校对：李　菡　　责任印制：李　啸

启功先生像

目 录

倪氏杂记笔法（共四十二页）

一九四七年作　墨笔纸本　家人收藏

輔仁大學試卷　學科　學系　年級學生

倪氏雜記筆法

星沙黃文燮彥和氏錄

余憶七歲時、讀書東門王憶峯家、王邀董先生飲、余即慕其風采、十六歲親得筆法於南都、所謂手授口訣者、十九歲得寶鼎初搨甚愛之、是時購先生真跡、然余以沈溺八股、既鮮閒暇、又生畏憚、是以不果學、又乙酉之變、余家片紙隻字都不復存、避亂湖邊、教授閱三四年、復購數種、丙戌春學永興楞嚴經真書、兩月即棄去、仍臨肥本蘭亭、直到戊子元旦、始奮志畢生於此、時年三月廿四、臨所書羅大經山靜太古一則、歲月蹉跎忽驚老邁、古之書家、自童稚

乙酉順治二年

丙戌順治三年

戊子順治五年

三月二字疑衍

官就原誤當是官就

前云戊子始奮志，此云年四十一始有此志，則作者實生明萬曆三十六年，當其十六歲見董思白於南都時，乃天啟三年癸亥也。

即能把筆、如大令六七歲受筆法、一到壯年、名滿四方、如子昂三十八歲已官就名成、余年四十一、始有此志、不知何年得入古人之室、亦惟立志堅定、工夫不懈、庶幾有成耳、

凡欲學書之人、工夫分作三段、初要專一、次要廣大、三要脫化、每段三五年、火候方足、初段取古人之大家一人以為宗主、門庭一定、脚根牢把、朝夕沉酣其中、務使筆筆相似、使人望之便知是此種法嫡、縱有諫我謗我、我不為之動、常有一筆一畫、數十日不能合轍者、此際如觸墻壁、全無入路、他人到此、每每退步厭心、我於此心愈堅、志愈猛、功

輔仁大學試卷　學科　學系　年級學生

愈勤、一往直前、久之則有少分相應、初段之難如此、此後方做中段工夫、取晋魏唐宋元明數十種大家、逐字臨摹、數十日、當其臨時、諸家形模、時或引吾而去、又須步步回頭顧祖、將諸家之長、點滴歸源、庶幾不為所誘、工夫到此、倏忽五七年矣、至終段則無他法、只是守定一家以為宗主、又時時出入各家、無古無今、無人無我、寫箇不休、到熟極處、忽悟門大啟、層層透入、洞見古人精奧、我之筆底、併出天機、變動揮洒、回視初時宗主、不縛不脫之境、方可自成一家矣、到此又五六七年、或十餘年、書雖小道、夫豈易易哉、能用筆便是大家、名家、必筆筆有活趣、鷲鴻戲海、舞鶴遊天、太傅之得意也、龍跳天門、虎臥鳳闕、羲之之賞心也、即此數語、可悟古人用筆之妙、古人每稱弄筆、弄字最可深玩、臨樂毅論十五日、深悟藏鋒之妙、廿五日深悟廻腕藏鋒並用、余作兩層悟入、

癸巳臨來仲樓十七帖、深悟轉換之妙、至廿日又悟側右讓右之法、余廿歲外、見東坡書、即知其偏鋒、爾時有此疑、不敢卒論、直至癸巳秋、見黃山谷小品於蔣子久家、其中有東坡不善用散草、祇用諸葛筆、又云摹背著案、倚筆成書、不能用雙鉤懸腕、自覩此說、二十餘年不可決之疑、一

癸巳順治十年

草當作卓原誤

背當作臂原誤

兩醮字皆當作蘸原誤

輔仁大學試卷　學科　學系　年級學生

旦豁然冰釋矣、

凡用新筆、以滚水洗毫二三分、膠腥散毫為之一淨、則剛健者遇滚水必軟熟、与筆中柔毫為一類、後以指攢圓、不可令褊、攢直不可令曲、聽乾三四日後、剔去（研）上垢、去墨腥、新水濃研、即以前筆飽醮、不可濡水、仍深三分、隨意作大小百餘字、再以指攢圓、直候乾以貯、量所用筆頭淺深、清水緩開、如意中式、然後醮墨、此華亭祕傳也、

凡欲以書名世者、雖學楷學草、然當以行為主、守定一家、以為宗主、專志臨摹、得其用筆俯仰向背姿態橫生之處、一一入微、如此數月、則所摹之跡、如觸墻壁、都無入處、然

三　輔仁大學

後別取一種臨數月、即將前所宗主者臨之三月、覺此一番眼力、与前不同、如此數轉、以各家之妙、資我一人、轉阻轉變、轉變轉入、轉入轉妙、如此三年、然後取主書摹寫數月、則飛動之態、盡入筆端、結體雖雅正、用筆却奇宕、此時真行草一時盡悟、可入古人之室矣、

行書點畫之間、須有草意、蓋筆筆飛動、純是天真、横溢無迹可尋、而有遒勁蕭遠之致、必深得迴腕藏鋒之妙、而以自然出之、其先有黃庭洛神以端其本、其後有各種草書以發其氣、其中又有數十種行書以成其格、安得不傳、畢竟行書之功、十倍草書、或曰、古人有忙中不及作草字、

奈何、曰、斯人斯時所未學者草耳、未學則以為難、理或然與、或曰、此說誤、不及作草者、不及起草再謄真也、學行書即能通真、學真書不能通行、此以知行書之功不小、

鍾太傅書、一點一畫、皆有篆隸之遺、至於結構、不如右軍極鳳翥鸞翔、如章草、如索靖、皆鍾一家書、以右軍視之正如太羹元酒、不復過而問矣、

鍾書須玩其點畫、如魚如蟲、如枯枝、如墮石、其趣止在點畫之間、雖古卻少變動、雖簡卻少蘊藉、於勢之一字、尚未盡致、若夫二王、則純以勢勝、勢奇而反正、則又秘之秘矣、

董華亭少時學北海、又學米襄陽、二家盤旋最深、故得十

著指當是著紙，背力當是臂力，原誤

之二三、得米十之五六、生平雖無所不臨、而得力則在此、令後學董者不得舍李米而竟取董也、蓋以董學董、終不似董、米中年方臨顏陳寺丞好學書、元章授以提筆法、曰以腕着指、則筆端有指力無背力也、曰提筆亦可作小字乎、元章笑顧小吏索紙書黼扆贊、筆畫端嚴、字如蠅頭而位置規模、皆若大字、固請其法、曰無他、惟自今以往、每作字時、不可一字不提筆、久久自熟矣、

八法轉換、要筆筆分得清、筆筆合得渾、所以能清能渾者、全在能留得筆、留得筆總在轉換處見之、轉換處者用筆一及一正也、此即結構用筆也、此即古人迴腕藏鋒之祕、不

輔仁大學試卷　學科　學系　年級學生

肯明言、所謂口訣手授者、試問筆如何能留、由先一步是鍊腕力、腕力用得不墮之時、方纔用留筆、筆既留矣、如何能轉、曰即此轉處、提筆取之、果能提筆、又要識得換筆、提而能換、自然筆筆清、筆筆渾然、此貴在窓下一一運熟、及臨書時、一切相忘、惟有神氣飛舞而已、所謂抽刀斷水、斷而不斷是也、

能轉換、自能識輕重緩急、向背偃仰、

觀舞劍而悟者、張旭也、見鬬蛇而悟者、文与可也、舞劍鬬蛇、最得古人用筆之妙、臨來仲樓所刻舞鶴賦五年、字體始定、用筆四處不可不留心、出也、收也、轉也、放也、

五

余雖元宰門人、初學書時、祇臨肥本蘭亭、三年不輟、又不敢易他帖、介子常笑其拙、三年後方臨董書、旋臨官奴帖、又稍涉坡仙、北海、旋棄去、遂轉學楊少師樂志論、又復有悟、但嫌結體（構）謹嚴、無疎散之致、又以舞鶴賦為主、如此二年、遂臨二王全帖十冊、不停手不下座者七月、及臨畢之後、作字更拙陋、無一筆如意、余私心恨之、乃擲筆不敢作書者數月、後又獵心復起、取舊日所習、再虛心奮入、覺此際較從前大有不同、每一字中、古人又開無限法門與我相瞻於靜對之際、若以精微相告者、然後古人之妙、未敢輕示後人、必待後人眼力有一分、則見一分、有十分、則見

昆陵疑當是毘陵　原作昆

乙巳康熙四年

十分也、是每字有數層悟入者、余乃知了、又歛我勝氣、淺
我放心、臨顔柳歐虞、而寢食於褚者數月、於宋之四家、元之
一家明之諸家、皆無所不窺、而獨以米老為最、又取從前
諸帖、時時拈起、迴旋往復、屈指計之、不知費幾許歲月矣、
乙巳春、過昆陵、見王雙白、雙白見余贈靜山先生扇、因徧
告同人、曰、此似董而實深於少師之法者、元宰之後一人
也、因勸余不必泛臨各家、當以董為主、間入少師之法、已
足成家傳世也、自是專業華亭、誓以終老、
乙巳正月、過元宰門生王雙白、其人髫年即從游、今六十
餘矣、董歷遊南北、雙白多從之、故筆法精深、雙白自謂得不

隅當作禺（原誤）

傳之妙、又親書三十二字、其中有側筆取勢、晉人不傳之秘十字、余初見以為不然、勢之一法、董先生以余年少未授、然每從書家見其說、以為未有不從中鋒而得者、今日側筆胡為乎、第余從事於此有年、惟此一法未了、得毋中鋒之過乎、歸来臨帖數百字、試雙白傳法、初秋一病淹旬、至十九日小愈、起坐亭中、見風吹竹、相迎相亞、忽迫忽避、恍然有所得、覺前半解半阻、神開悟闢、渙然冰釋矣、

豐南隅考功云、雙鈎懸腕、讓左側右、虛掌實指、意前筆後、此十六字、古人所傳用筆之訣也、雙鈎懸腕者、食指中指圓曲如鈎、節與母指相齊、而撮管於指尖、則執筆挺直、大

隅當作禺

輔仁大學試卷　學科　學系　年級學生

字運上腕、小字運下腕、不使肉襯於紙、讓左側右者、左腕
讓而居外、右手側而居中、常使筆管与鼻準相對、則行款
間直下無斜之患、虛掌實指者、指不實則顫掣無準、掌不
虛則窒礙無勢、三指齊撮於上、俯仰進退往收垂縮剛柔
曲直縱橫轉運、無不如意、則筆在畫中、而左右皆無病矣、
若夫意前筆後、工夫熟後、方可臻也、非紙成堆筆成塚、安
能有此神化、此南隅之論、臨池家矜為神妙、以余觀之、只
是擫管法、至所以運用、並未之及、況讓左側右詮解、縱非耶、
或曰、讓左側右、畢竟如何、此右手擫腕法也、亦只向右遷
之一法、

七　輔仁大學

義之云、執筆在手、手不主運、運筆在腕、腕不知執、此四句貴先講透、觀此語轉腕之法貴矣、次選形於古帖中擇其佳者摹之、所貴識得棄取、次拆筆點畫之間、一一拆開、看其肖像何物、次忘法、熟後方臻神化、以上五條、乃元宰先生臨池妙訣、此外則側筆取勢、晉人不傳之祕、蓋側筆取勢者、於結構處一反一正、所謂鋒鋒相向也、此從運腕得之、凡字得勢則活、得勢則傳、縱欹二字轉左側右可悟勢奇而反正、永興抽刀斷水、自謂於道字有悟、及舞劍鬪蛇龍翔鳳翥、諸法皆一以貫之矣、又後人詩云、拖樓竟夜雨催詩、果有龍蛇起墨池、悟得將軍舞劍勢、分明草聖折釵鋒

拖當作柂原誤

發筆以下當另是一條　六書云云必偶然筆記者混入篇中

輔仁大學試卷　學科　學系　年級學生

時勢字最妙、側筆取勢、言其畫畫有鋒、用筆一反一正、鋒鋒相向、所謂結構、所謂運腕、正指此處、愈離愈合、勢奇而反正是也、

三十二字、乃執筆在手四句、及選形拆筆忌法六字、側筆取勢十字、

六書象形會意諧聲指事轉注假借、發筆處、收筆處、轉筆處、皆有口授妙訣、

起不孤、伏不寡、亦雙白妙語、

陳眉公執筆撮於指尖內指橫擔、又斜又扁、不肯對客作書、恐人盜去筆法、此與右軍執筆何如、

右軍筆法昔人皆稱曰內擫原作撮似誤

右軍執筆向內、謂之內撮、大令向外、謂之外拓、顏魯公執筆真正中鋒、今持其墨跡向日中照、畫中微有一線、其色更黑、畫畫皆然、三人執筆雖不同、然皆懸腕懸肘、董先生學大令、白虎則學（全倣）魯公、

董先生於明朝書家、不甚許可、或有推枝山者、曰枝山只能作草、頗不入格、於文徵明但取（服）其能畫、於米友則唾之矣、於黃與鄧、稍蒙許可、

友下似脫一字原誤當有石字

董用羊毫、其頭甚長、約一寸七八分、又略豐美、所謂毫毛茂茂、但筆尖瘦耳、此寫大行草書用之、寫小楷小行、或微雜紫毫、若匾額亦用羊毫之大者、絕不用棕及猪毫、匾額

輔仁大學試卷　學科　學系　年級學生

橫字書宜長瘦、不宜扁濶、直豎匾額、高懸七八丈、或十餘丈者、上字宜微大、下字宜微小、大字宜筆筆用力、黑多白少、言用筆宜肥也、

凡寫字先小字、後大字、先慎密、後縱宕、理所必然、

王覺斯寫字課、一日臨帖、一日應請索、以此相間、終身不易、大抵臨摹不可一日間斷耳、

覺斯字一味用力、彼必誤認鐵畫銀鉤、所以魔氣甚大、先生每云、吾書無他奇、但姿法高秀、為古今獨步耳、心忘手、手忘筆、筆忘法、純是天真瀟洒、鄭臣虎初學書、最服膺董先生、及雙鈎懸腕、三年而後成之、

鄒衣白評宋四家書、蔡曰嫩、蘇曰俗、黃曰野、米曰賤、以其偏傍欹斜、鮮莊雅之度也、

毘陵有東第二字、徑一尺五六寸、乃之字書真得勢之字、讓左側右者、握筆之法也轉左側右者、運腕之勢也、

剛紙用柔筆、柔紙用剛筆、只在三折鋒以取勢為妙訣、

筆法五十六字、竦左收推、逆戾力束、懸讓側腕、留住在熟、空中抽鋒、先快後澀、轉處換筆、提取無跡、更有放收悟此則一、舞劍鬪蛇、鋒路相逼、錐沙諸喻、古法今出、

出筆放筆、收筆轉筆、換筆處須細細參究、方能分得各家、

按董氏語本作不能實證此數不字語義全別 原误

發筆處、顏平原、米海岳三段

輔仁大學試卷 學科 學系 年級學生

書家必先有成局於胷中、裁剪預有古法、至臨寫之時、神氣揮灑而出、不主故常、

余所撰五十六字乃華亭先生法、即大令外拓法也、內有執筆鍊腕用筆取勢四法、悟者辨之、

董華亭云、余學書三十年、悟得書法、而能實證者、在自起自倒、自收自束處耳、過此關、即右軍父子亦無奈何也、轉左側右、乃右軍字勢、所謂跡似奇而反正者、世人不能解也、字之巧處在用筆、尤在用墨、然非多見古人真跡、不足与談此竅也、

發筆處便要提得筆起、不使其自偃、乃是古人不傳之妙、

十 輔仁大學

皆董華亭語
未注明

蓋用筆之難、難在遒勁、而遒勁非怒筆木強之謂、乃如大力人通身是力、倒輒能起、此唯褚河南虞永興得之、須悟後始肯余言也、

顏平原屋漏痕折釵股、謂欲藏鋒、後人遂以墨豬當之、皆成俗筆、癡人前不得說夢、欲知屋漏痕折釵股、當於圓熟中求之、未可朝執筆而暮合轍也、

米海岳云、無垂不縮、無往不收、此八字真言、無等之咒也、然須結字得勢、米自謂集古字、蓋於結字最留意、比其晚年、始自出新意耳、學米書者、唯吳琚絕肖、此外皆不似也、

吾學書在十七歲時、先是吾家仲子伯長、名傳緒、与余同

21

手稿

甚董氏原文作其是也　原误

試於郡、郡守以余書拙置第二、自是始發奮臨池矣、初師顔平原多寶塔碑文、又改學虞永興、以為唐不如晉、遂專倣黃庭經及鍾元常宣示表戎輅表還示帖丙舍帖、凡三年、自謂逼古、不復以文徵仲祝希哲置之眼角、比遊嘉興、得盡觀項子京家藏古人真跡、又見右軍官奴帖於金陵、方悟從前妄自標許、譬如香嚴和尚一經洞山問倒、顛一生作粥飯僧、余亦願焚筆硯矣、然自此漸有小得、今將二十七年、猶作隨波逐浪書家、翰墨小道、甚難如此、況學道乎、庚戌十月廿二日、華亭論書、

内景經有歷代内府御璽、及歷代名人圖書印章、又有一

馬價二字间疑當敫還字原誤
成公當作成功原误

長云玉皇殿上掌書仙、此七字甚俗、然硃色如新、是亦一奇玩、其語疑是宋徽宗所用物也、古洲藏此神物、提背馬進寶欲得之、以為進京入貢之用、古洲雖索價三千金、亦權語終無售意也、馬價六百金、古洲不應、有人獻計与馬、遂以暗通海上鄭成公為名、發兵黑夜圍古洲宅、擒置於獄、家之所藏盡為馬有、不獨內景經已也、又餽金珠乃得免、後馬自京師還、名古洲一飯而已、

劉玉少家藏眉公真跡甚多、余昔婆娑其下、見一白紙便面橫書閒揮白羽扇五大字、此款極新、

山谷小品云、心能轉腕、手能轉筆、書字便如人意、古人工

輔仁大學試卷　　學科　　學系　　年級學生

或是宋宣獻之誤，米芾与宣獻無涉。米宣獻句不明，似謂米氏所書，周氏刻之，少加筆力，然其先後倒置。如謂米臨周氏之本，則書字未安。

書無他異，但能用筆耳。

大令草書淳古，殊追伯英，論書者以右軍草入能品，大令草入神品。余以右軍父子草書比之，文章右軍似左氏，大令似莊周，似二王者惟魯公、楊少師，髣髴大令耳。山谷論洛神賦非王子敬書，以字學筆力去之甚遠，乃米宣獻書，周膳部少加筆力耳。山谷評云：小字莫作癡凍蠅，樂毅論勝遺教經，大字無過瘞鶴銘，隨人作計終後人，自成一家始逼真。然適作小楷，亦不能擺脫規矩。客曰：子何舍子之凍蠅？余無以應，固知此技非得不傳之秘，未易易也。

結字須得形體，得形體不如得筆法，得筆法不如得氣象。

十二

輔仁大學

學字如女子學梳掠、惟心靈者方能作態度、
凡欲作書先端坐靜思、隨意所適、言不出口、氣不盈息、沈密神彩、如對至尊、則無不善矣、
張長史折釵股、顏太師屋漏痕、王右軍錐畫沙印印泥、懷素飛鳥出林、驚蛇入草、可以悟入、
肥字須要有骨、瘦字須要有肉、字美觀則不古、初見之則使人甚愛、次見則得其不到古人處、三見之則偏旁點畫不合古者盈眼矣、故觀今人之字如觀文繡、觀古字如觀鐘鼎、行行須有活法、字字須求生動、
米南宮曰、隨意落筆皆自然、備其古雅、壯歲未能立家、人

輔仁大學試卷　學科　學系　年級學生

謂集古字、蓋取諸家長處、集而成之、既老始自成家、人見之不知以何為祖也、

字要骨格、肉須裹筋、筋須藏肉、其布置穩不俗、險不怪、老不枯、潤不肥、變態貴和不貴苦、貴異不貴撰、一筆入俗、皆字病也、此條論結構最妙、

大抵用筆有急有緩、有有鋒有無鋒、有承接上字、有牽引下字、乍徐還急疾、忽往復收、緩以仿古、急以出奇、有鋒以耀其精神、無鋒以含其氣味、橫斜曲直、鉤環盤紆、皆以熟為主、

一點一畫、皆有三轉、一披一拂、皆有三折、若平直相似、狀

如筭子便不是書、

凡作楷墨欲乾不可太燥、行書則燥潤相雜、以潤取妍、以燥取險、

方圓者、真草之體、真貴方、草貴圓、方者參之以圓、圓者參之以方、然宜涵泳一出於自然、尤忌横直整齊、横直多則字有積薪束葦之狀、而無蕭散氣、

分行布白、小心布置、大膽落筆、

若逸氣縱横、則羲謝於獻、若簪裾禮樂、獻不繼羲、雖諸子之法悉殊、而子敬最為遒拔、

淳化閣帖初刻係棗板銀錠搨、余友吳天定為余父述古

輔仁大學試卷　學科　學系　年級學生

云字下必有脫文，録者誤接寫之，便似太白得力李後主矣。原誤

戲鴻乃摹古法書，豈得与寶鼎等帖並論

公門人，所居又相鄰，余朝夕得把玩。後湖廣胡去驕出冊見示，乃二王草書，生動變化，余一見即定為潭帖，在淳化之上。視其後款，果然。邢子愿臨二王草書，得力於此。淳化祕閣續帖內黃庭、歐陽率更、李太白書皆極妙，太白字天真豪放，逼肖其為人。云得力於南唐李後主七法。余見董先刊帖，戲鴻堂、寶鼎齋、來仲樓書種堂正續二刻、鵠鶴館、紅綬軒、海漚堂、青來館、薰蕕堂、衆香堂、大來堂、研廬帖十餘種，其中惟戲鴻堂、寶鼎齋為最。先生平生學力，皆在此二種內，其餘諸帖妍媸各半，而最劣者則青來、衆香也。此帖筆意酷似楊彥冲，疑其僞作也。淳化閣帖所見

肅府在甘肅不在陝西

諸本、皆遜余。婣家錢文倩所藏本、文倩囊澀、先質六冊於一富家、餘四冊余嘗見之、其中二王一冊、筆法秀宕、下真跡一等、果後物也、細看却是潭帖、東書堂帖載歷代書家、与淳化大同小異、

淳化閣帖在明朝唯陝西肅王府翻刻石搨最妙、謂之肅本、從宋搨原本雙鈎勒石、所費數萬、較今市本、相去天淵、明朝法帖大刻、有鬱岡齋、乃王氏所刻、停雲館乃文氏所刻、鬱岡余童年曾見之、不復記憶、停雲余屢見之於張玉立家、其中黃庭蘭亭、列有多種、而帖中所載宋元書家最詳、又涿州馮相公所刻快雪堂、亦備載蘇、米書、採摭頗精、

輔仁大學試卷 學科 學系 年級學生

人多未見、於晉魏歷代之書、則十得四五耳、至於董先生所刻戲鴻堂寶鼎齋臨摹歷代大家及自書題跋、精妙絶倫、近則可掩鬱岡停雲、遠則踞諸淳化各種名帖之上、誠希觀也、

二王全帖十卷、首幅刊右軍大令二像、前六卷皆右軍書、後三卷皆大令書、共一百七十餘帖幅、末一卷皆名賢題跋、乃金壇李氏所刻、李為元明兩朝世家、故能辦此、余曾不停手臨七月餘、後以之米質之張氏、得六星、尚未能贖、可歎耳、

二王有甲戌帖、在淳化之上、宜興蔣如奇號邃初、於揚州

鹽商家得之、價值千金、蔣与劉餘佑同年、蔣死、其子中落、適劉之子名芳烈者、為鎮江太守、蔣子脩謁、劉借看不還、以北寄為辭、蔣悵然而歸、然劉所贈不下數百金也、後數年、蔣遊京師、謁餘佑、亦贈數百金、蔣遂不敢言、至今為劉氏所有、米南宮對

米南宮對宋仁宗曰、蔡京不得筆、蔡卞得筆而乏逸氣、蔡襄勒字、杜衍擺字、黃庭堅描字、蘇軾畫字、臣書刷字、

書家脱化為貴、然非極熟之後、安能得此、蓋極熟則諸法可忘、神行其中矣、

余學書在戊子元旦、至康熙甲寅、二十七年、臨摹古帖、備

此米對徽宗語見海岳名言字句亦未盡合稱仁宗尤误

甲寅康熙十三年作者六十九歲

極苦心、雖時与古人盤旋、然堂奧未窺也、壬子臘底、回西山陳家集、晴窗下偶臨元宰禪悅一則、於中伯字客字、忽悟得翻筆之法、即轉換法、今日更加透徹耳、又思每字中有起筆、有一二起、三四起、必不可一氣縈迴而下、須一一識得、熟諳、得於中方到家、

元章以爭坐位為顏書第一、謂其字相連屬、詭異飛動、得於意外、最為傑思、

落筆有疎宕縱逸之氣、凡作字時、便存此想、不可忽略、然在極熟之後、筆忘手、手忘筆、方能臻此、三折筆法、都從留筆處運用而出、

余學書十六年、方悟得勢字、至廿七年方悟得三折筆鋒、今人把筆無幾時、便思揮屏扇縑素、開口便輕議前賢、祇是不自知醜態耳、

歷代書家各有妙語、如孤蓬自振、驚沙坐飛、如飛鳥出林、驚蛇入草、如折釵股、屋漏痕、錐畫沙、印印泥、如兩峰出雲、忽然而自合、如見舞劍器、如見道鬭蛇、如聞嘉陵江聲、如於道字有悟、抽刀斷水、總衹悟得箇勢字、是取勢、又取用筆、其餘三折鋒之說、自羲之獻之、及衛夫人數人、而後無有問途者、豈知之而祕之耶、抑得勢即三折鋒耶、可以不言耶、妙極、

注當作住，原誤。

字稱八法，盖稱六法，此云八法誤。

折分為三，總為取勢，能留得筆注，纔好用筆，此是秘法。羲獻作字，皆非中鋒，古人從未窺破說出。或云自有六法以来，皆推二人為此道神品，乃竟從千載以下定為偏鋒，有說乎？抑杜撰也？曰：此非余臆說也，古人明說右軍內擫，大令外拓，一偏向內，一偏向外，安得為中鋒？然古之書家傳世者，人人皆能中鋒，豈羲獻反不能耶？中鋒自是定例，獨兩人又兼用內擫外拓，此二法正是兩人各得之心悟，當日舉此示人，後人傳之耳。然書家擫管極活極圓，四面八方筆意皆到，豈拘拘中鋒為十成定法乎？況內擫側腕倒法、外拓昂腕側法，与中鋒原不相礙，一字中自具此數法也。

此處擬請自稱蘇門曰，尚可作按語說

學書人筆筆能到古人未及到處，則劈破天荒，自成一家。秦少游絕愛政黄牛書，問其筆法，政曰：字心畫也，作意則不佳，故每求兒童書以觀其神氣。蘇門曰：不為法所拘，鍊熟還生，方到此境，不然則杜撰矣。

有字學，有字性，米海岳無垂不縮，無往不收，初見似止說得一折，細玩則三折俱括在内，華亭引此八字，其後又云結字須得勢，據此則得勢正指字之結構，又在三折之外，不可不知。得勢在字形上論，能留得筆住，不直率流滑也。此等自是不傳之祕，輕重疾徐四字法，惟徐為要，徐者緩也。即留得筆住也，此法一熟，諸法方好運用。

輔仁大學試卷　　學科　　學系　　年級學生

凡臨帖到數月之後，工夫沉密，則平日筆意反為法所縛，動筆輒更拙滯，不得如意。必須換一兩種帖，厥前之所臨活變生動，從不經意處瀟洒而出。臨米書最能令筆活動飛舞，以其筆筆分陰陽也。陰陽在肥瘦向背上分。臨小字，是日不得為人寫大字；臨大字，是日不得為人寫小字。若轉換數月，筆意飛舞，厥跡既佳，大小亦可任意矣。作字要識得停法、鷙法、撲法，落筆更妙，不可忘記。擫筆貴緊，又云不可動指，只貴運腕等語，此書之大端。然指頭亦要小小運動，与腕相應，不使牽制拘繫。而第四指又要伸向前推，度作字靈便活躍，此等全在擫筆虛鬆處得之、昔人謂獻之作字、羲之從後掣筆不得、歎曰是兒終成名、言其緊也。此恐偽語、殊覺不然、擫管既鬆、雖運腕而無名指自然暗動、与腕不礙、世俗不能運腕、只一味倚藉運指、則不可耳。華亭寫小楷、五指攢於筆頭、指皆作屈曲勢、後余十五六歲時、親承董先生授受學書二十八年、方悟擫管虛鬆之法、識得此法、雖攢筆頭、亦不妨矣。歐陽率更九成宮楷書、烜赫後禩、直与內史並傳、後人評之以為寒勁瘦硬、或以為險絕、皆指其結體也。至歐之用筆、与二王相反之處、人皆不知、二王抽鋒在筆之前、歐陽抽鋒在筆之後、用頓法顯出、自歐陽至今千餘年、其法未

輔仁大學試卷　學科　學系　年級學生

自十六歲見董之宰學書起下推五十二年則作書時年已六十八矣

有傳者後人臨九成宮鮮能解此便用二王法書之如何肖似近日有續刻小楷帖行世非不可觀但繩以歐法竟無一筆相似吳門以歐書得名每字得白鏹一鎰皆非法嫡余十六歲過金陵姪孫直孺家見其五百金所購歐書樂志論墨跡特以質之華亭特為余指示一二因屢顛習此一種又苦其難合棄去然心識其法五十二年未嘗語人後傳李錫萬梁繼武及胡晉卿子名觀者共傳三人焉在直孺家見顏魯公爭坐位墨跡在唐繭紙上每一字塗抹遺漏與世所傳草稿不同字形瘦勁奇變踴躍生動如龍眼大後帖並無一人題跋止有字數行不落年月姓名但云

米無張志老碑當是章吉老之誤

是魯公當日謄清上之當事者、歷代藏之粵西荔浦縣徭蠻洞中、傳爲世寶、萬曆末有浙西顏姓官於其地、誘而得之、藏於其家、天啓間轉入吴門韓芨中之手、直孺用八百金購得之、此卷華亭且未之見、況前此書家乎、宜其題跋之無人也、余得華亭傳法眼目小具別鑒、故知其爲真跡也、

鎮江曹次師家藏蘇米真跡、來揚求售、米之用筆頓跌清古、与世所傳真蹟十紙、相去天淵、即較之方圓菴張志老碑、亦不相類、乍視之不知爲米書、米老書從古帖盤旋氣魄雄偉、結字磊落、且一反一正、相生無窮、又曰勢奇而反正、

輔仁大學試卷 學科 學系 年級學生

此王儁白譽倪蘇門之語收入書中豈懷素自敘之類例耶抑此書非蘇門自撰而為其後人裒集附錄者耶

豈一於怪誕之謂乎、昆陵王儁白云、明朝只有一大家董元宰是也下此只有名家、總明朝書家、可与唐宋匹者、一鄧太素、二鄒衣白、三倪蘇門、四陳眉公、蓋太素得力於米而天姿古勁、有屈鐵之勢、全以骨勝、所少者細筋、又無變化生新之態、至於鄒書、則中鋒懸腕、縈迴剛勁、但局於顏法、又時傷瘦硬、未能變化耳、若倪書則筆法秀逸、從董脫胎、於歷代之法、蘊蓄宏深、而出之簡遠、不似他人著力、陳眉公用筆甚活、自成一家、能於緊處用藏鋒、其結構如松柯掩繚、有骨有趣、從蘇脫胎、一毫不覺、此四人皆亞於董、正是孔門有四哲耳、

寫畢二字
疑有誤

凡欲作字先開筆開筆之法先點清水少歇又點如此三
次令水透毫然後取筆向乾淨研上旋轉輕捺令四面之
毫無一絲不和又由淺入深令四面毫之潤處無一絲不
齊酌字之大小以分淺深若臨米縱寫小字亦深開運用
輕重始如意至於研墨點墨另有口訣若寫畢亦有祕傳
撲提斷停翻拗倒疊頓鶩抽掣迅澀藏側字有萬變只在
此十六法包括無遺然一字又有一字之勢古人落筆每
相其勢或括其二三法或舍置三四法括處不見少舍處
不見漏貴取之錯綜而運之顛倒使其字無剩義無駢枝
而後止然其要只是筆筆分得清筆筆合得渾度鋒鋒相

41

手稿

倪氏語更類後人追記者

向此運筆法也，至擫管之法以拓為主，其中細微有昂懸活戾等法，結構則有簇展通反欹腴濃纖等法，華亭當日原傳三十二法，蘇門體驗三十八法始得。

凡作書時，几上當安筆七八枝，或十餘枝，若用時稍不如意，即棄去另換一枝，勿惜小費，致留惡札於世。

右書寫刻本半頁七行，行十六字，板心上題倪氏筆法雜記，筆法下題聽香室三字，篇首書名占一行，黃文變姓名占一行，末餘共三十九頁，末段恰至末行止，前後無序跋，亦不知三十九頁是否足本也。書中萬歷歷字已避諱，以此則刻於乾隆以後，作者為誰何黄文燮之身世皆俟考丁亥正月十五日從唐立厂家借来翌日手钞之至廿八日钞毕所疑记於眉間待借六藝之一録及國朝書人輯畧参考之元白識

廿九日校畢

六藝之一録卷三〇三引此書題曰倪蘇門論書法論國朝書人輯畧卷二倪燦條引題倪氏雜記書法

倪燦字闇公號蘇門康熙间人

此書殆為蘇門平时雜稿或误論之語黄文燮輯録之耳　辛丑五月元白再记距钞时十五年矣

飲水詞人翰墨錄

饮水词人翰墨录（共五十一页）

约二十世纪四十年代　墨笔纸本　家人收藏

21.7 cm.
30.4 cm.

飲水詞人書札卷

長白伊爾根覺羅榮厚叔章舊藏
今在武進趙燏黄藥農家 高六寸五分 寬九寸一分

第一札 花箋本 藕漁艸堂四字之旁俱標△
顧貞觀跋在原箋左半 箋角刊鸞竹箋三小字

前求鐫圖書內有欲鐫藕△漁△二字者若已經鐫就則已倘未動筆望改篆艸△堂△二字至囑至囑茅屋尚未營成俟戩補已就當竭誠邀駕作一日劇談耳但恨無佳者供啜也平子望致意不宣成德頓首初四日

21·7
30

全池明月下西窗　白文

卿自見其朱門貧道如遊蓬戶容兄因僕作此語構此見招有詩刻飲水集中適觀此札為之三歎貞觀

第二札　花箋左箋角刊鹿鳴箴三小字（高六寸五分寬九寸）

前來章甚佳足稱名手然自愚觀之刀鋒尚隱未覺蒼勁耳但鐫法自有家數不可執一而論造其極可也日者竭力搆求舊凍以供平子之鐫尚未如願今將所有壽山幾

19.3
14

方敢求渠篆之石甚粗礪且未磨就并希细致之為感疊承雅惠謝何可言特此不備十七日成德頓首石共十方其欲刻字樣并（此字原誤自點去）俱書于上又拜

第三札　（暗花）箋本（箋高五寸八分，寬四寸二分）箋尾刊■波濤流三小字作藍色張（不刊）氏白文一小印作朱色

前託濟公一事乞命使促之夜来徽雨西風亦春来頭一次光景今朝霽色亦復可愛恨無好句以酬之奈何奈何平子竟不来是何意思成德頓首

19.3
10.7

側帽 白文

第四札 素箋本 高五寸八分 寬三寸二分

兩日體中大安否弟于昨日忽患頭痛喉腫今日畧差尚未全愈也道兄體中大好或于一二日内過荒齋一談何如何如特此不一 來中頓首更有一要語為老師事欲商酌又拜

19.3
21.5

第五札 素箋本 紙二片高五寸八分共寬六寸四分

19.3
13.5

廳聯書上甚愧不堪昨竟大飽而歸又承吾哥不以貴游相待而以朋友待之真不啻既飽以德也謝謝此真知我者也當圖一知己之報于吾哥之前然不得以尋常醻答目之一人知己可以無恨余与張子有同心矣此啓不一成德頓首十二月歲除前二日因無大圖章竟不曾用

第六札 素箋本高五寸八分寬四寸

一二日間可能過我張子由畫三弟像望轉索付來手諸

18.5
13.7

18.5
27

子及卷特此成德頓首七月四日

第七札 素箋本 高五寸五分 寬四寸一分

素公小照奉到幸簡入簡入諸容再布不盡成德頓首七月十一日

第八札 素箋本 高五寸五分 寬八寸

久未晤面懷想甚切也想已返轡津門矣奚橐升可令其于一二日間過弟處感甚感甚海色烟波寧無新作并望

教我十月十八日成德頓首

僕本恨人　白文

18.5
27.3

第九札　印　暗花東箋本箋尾刊印文采軒三字連珠朱色小　高五寸五分寬八寸一分

姚老師已來都門矣吾哥何不于日斜過我不盡成德頓首三月既日

別是一般滋味　白文

18.5
12.6

第十札　素箋本　高五寸五分寬四寸七分

18.5
17.6

花馬病尚未愈恐食言昨故令帶去明早家大人庵駕往西山他馬不能應命或竟騎去亦可文書已悉不宣成德頓首

第十一札 素箋本 高五寸五分 寬五寸三分

德白比來未晤甚念平子兄幸囑其一二日内撥冗過我爲禱此啓不盡初四日德頓首并欲携刀筆来有数石可鐫也如何

19
22.6

可言喻另日奉屈過小圃快晤終日以續此缘何如見陽
道兄成德頓首

第十四札 素箋本 高五寸七分寬六寸八分

箭决原付小力奉上因早間偶失檢察竟致空手往還可
笑甚矣今特命役馳到幸并存之書祈于明後日即取至
則感高愛於無量也晤期再報不一成德頓首見陽道兄
足下

19
18.4

第十五札 素箋本 高五寸七分 寬五寸五分

来物甚佳渠索價幾何欲傾囊易也弟另覓鍬角尚欲轉煩茂公薵再為之未審如何先此復不盡不盡初四日戚德頓首

長白 白文

19
18.7

第十六札 素箋本 高五寸七分 寬五寸六分

周伊二人昨竟不來不知何意先生幸促之諸容面悉不

19 15

19 11.3

日晷不值望以前所見者賜下否則俱不必耳恃在道義
相照故如是貪鄙也乎予已托六公如何竟有舛謬俟再
訂之諸不悉成德頓首

第十九札　淡紅蠟箋本高五寸七分寬三寸四分

倪迂溪山亭子乃借耿都尉者頃已送還俟翌日再借奉
鑒耳四畫若得司農慨然發覽當邀駕過共賞也率復不
一弟德頓首

19
15

畫七月七日成德頓首見陽足下

松花江漁　白文

第十七札　素箋本　高五寸七分　寬四寸五分

令弟小照可謂逼肖然糙點未免少俗耳吾哥似少不像而秋水紅葉可無遺憾也一兩日可能過我特此不盡　未中頓首

第十八札　素箋本　高五寸七分　寬四寸五分

19
19.4

第二十札 素箋本 高五寸七分 寬五寸八分

箭決二謹遣力馳上其物甚鄙祈并存之為感所言書幸于明朝即令𢀳絪往取晤期俟再訂不盡弟成德頓首見陽道兄足下

長白山人 白文

19
7.9

第二十一札 素箋本 原有圈點 高五寸七分 寬二寸三分

欹斜一逕入。門向夕陽邊。何必堪娱賞、凋零自可憐、松。寒。

疑有雪僧老不知年只合千峯上長吟看月圓　戒壇

19 7

第二十二札　淡紅箋本　高五寸七分　宽二寸一分

亡婦柩決于十二日行矣生死殊途一別如雨此後但以濁酒澆墳土洒酸淚以當一面耳嗟夫悲矣澹菴畫冊附去宋人小說明晨望送來成德頓首

19 7

第二十三札　淡紅箋本　高五寸七分　宽二寸一分

日暮望即付來手諸容另佈不一期弟成德頓首見陽道

14
21.7

長兄

第二十四札　素箋本高四寸二分寬六寸五分

正因數日不見懷想甚切不道駕在津門也海上風烟想大可觀有新作歸来即望示我来牋甚佳乞惠我少許尊使還草此奉復不盡不盡十月五日成德頓首

无益　朱文

第二十五札　素箋白紙本高四寸二分寬一寸九分

14
6.5

明晨欲過尊齋同往慈仁松下未審尊意如何特此不一

成德頓首

14
8.6

第二十六札 素箋本（白紙） 高四寸二分寬二寸六分

連日未晤念甚黄子久手卷借来一看諸不一期小弟成

德頓首

飲水 朱文

14
54.7

第二十七札 素摺本摺面書手泐二字 高四寸二分長一尺六寸三分

比日未奉教誨何任思慕前所云表帖張慶美幸致其過荒齋奚彙升亦遣其過我秋色滿階忽有迅雷斯亦奇也不知司天者亦有占驗否此上不盡不盡九月十三日成德頓首

從友人乞秋葵種一絶呈教

空庭脉脉夕陽斜濁酒盈樽對晚鴉添取一般秋意味墻陰小種斷腸花

无咎　朱文

第二十八札　素摺本摺面書手蹟二字印章鈐於名欵上

高四寸二分長一尺八寸

14
62

高14
62cm

四月廿一日成德白朝来坐渌水亭風花亂飛烟柳如織
則去年時把酒分襟之處也人生幾何堪此離別湖南草
緑淒咽同之矣改歲以還想風土漸宜起居安適惟是地
方兵燹之後興除利弊動費賢令一番精神古人有踐歷
華要猶恨不為親民之官得展其志願者勉旃勉旃勿謂
枳棘非鸞鳳所棲也蕞尔荒殘料無脂膏可點清白但一
從世俗起見則進取既急逢迎必工百鍊剛自化為繞指

柔我輩相期定不在是兄之自愛深於弟之愛兄更無足為兄慮者至長安中烟海浩浩九衢晝昏元規塵汙非便面可却以弟視之正復支公所云卿自見其朱門貧道如遊蓬戶耳詩酒琴人倒多薄命非為曠達安擬高流頃蒙遠存聊悲鄙念來扇并粗箑寫寄筆墨蕪率不足置懷袖間穆如之清藉此奉揚楚雲燕樹宛然披拂或暫忘其側身沾膻也努力珍重書不盡言成德頓首

14
14.6
長14.6 cm

成德
容若

白文

第二十九札

素摺本摺面書副啟二字摺面右上角有明阿哥三字蓋收信人所記殆張純修華也印章鈐於名款上札中慧字下原脫一字應是葉字

高四寸二分長二尺一寸一分

成德白渌水一樽黯然言别漸行漸遠執手何期心逐去帆与江流俱轉諒知己同此睠切也衡陽無雁音問久疎忽捧長箋正如身過臨邛与我故人琴酒相對鄉心旅況備極淒其人生有情能不惆悵念古来名士多以百里起家

者願足下勿薄一官他日循吏傳中藉君姓名增我光寵
種種自當留意乃勞諄囑耶鄙性愛閒近苦鹿鹿東華軟
紅塵秖應埋没慧男子錦心繡腸僕本疎慵那能堪此家
大人以下仗庇安和承念并謝沅湘以南古稱清絶美人
香草猶有存焉者乎長短句固騷之苗裔也暇日當製小
詞奉寄煩呼三閭弟子為成生薦一瓣香甚幸鄙便率勒
不盡依馳 成德頓首

成德（白文）

計二十九札

敬齋（朱文）

右五字在此札紙尾，不知誰氏書上鈐敬齋楕圓印，其人俟考——以下題跋尾在卷尾紙上

早退（朱文引首）

向從朱供奉竹垞、姜徵君西溟輩得悉容若風雅，深以未纆抱接為恨。壬申秋，從見陽署中始覩其筆劄，把玩不能

釋見陽与容若爲莫逆交生平唱酬最密於其歿後既刻其飲水詩復集其往還尺牘裒然成卷世之覽者不獨想見風流亦嘗有感於交道也皐亭查嗣韓

查嗣韓（朱文）

皐亭（白文）

每与人言容若佳處聞者或以爲過情要是其人未識容若耳若曾相識則其佳處尚不盡於吾輩所言也今觀諸札与見陽愛重若此知容若并可知見陽而容若已不可

復作奚惜哉　梁溪同學頤貞覲識

貞覲　朱文連珠

余向栖遲郎署者八年未嘗一識容若間有言及者亦止道其聲華舄奕才思藻麗而已及乞休後寓居錫山日与梁汾舍人對始悉其為人雖處華膴而律己甚嚴雖風雲月露不廢拈毫而留心當世之務不屑屑以文字名世今覲見陽張君集其往復書札胸中筆下都無點塵而用意

尤極深厚則其人之生平益信梁汾之言為不虛矣惜乎天不假之年使賚志以殁豈天之所賦亦有靳有不靳耶吁若容若者正不必以年傳也癸酉孟夏武陵存齋胡徵獻

跋（且喜漸不為人識）

且喜漸不為人識

朱文

胡徵獻存齋章

按上一印當是且喜漸不為人識

人謂容若貴公子耳稍知之者目為才人已耳不知其志潔其行芳不但不以貴公子自居并不肯以才人自安也

此与見陽先生往来手札觀其於朋友間肫篤如此亦豈

今人所有哉至其辭翰工妙有目共見又不待言也見陽

裒集成卷寶愛如拱璧其知容若深矣梁溪同學秦松齡

跋

秦松齡印

白文

恆齋

朱文

按下一印是恆齋

醉雪居

朱文引首

容若先生素未謀面然詩文翰墨饒有風雅之譽心竊慕之見翁世好於胥江舟次出其手札一卷閱之不能釋手大抵非常之人自分必傳不遇真知己雖一言半字不肯浪擲獨與見翁往還尺牘如許殆知己無過之者宜其什襲藏之出處必携也獅峯居士沈宗敬拜手識

沈宗敬印 白文

恪庭 朱文

平生知交赤牘筆疏推曹侍郎秋岳第一此外則容若侍

衛書記翩翩天然絕俗侍郎里居日必有札及余或再三至每過余見雜置几案輒戒余投甕火之鄉里後進有緝侍郎赤牘單行者寓余諸札獨無有也容若好填小詞有作必先見寄紅箋小疊正復不少迨乙丑逝後余浮湛都市人海波濤轉徙者數欲求斷楮零墨邈不可得見陽張郡伯乃一一藏之裝池成卷足以見生死交情之重矣小長蘆金風亭長朱彝尊書於白門之承恩僧舍時年七十

有六　附錄和容若秋夜詞在通潞作　倦柳愁荷陂十里一絲雁絡晴空酸難漸逼小亭中魚雲難掩月豆葉易吟風　才子年来相憶數經秋離思安窮新詞題就蜀牋紅雪兒催未付先寄玉河東　郊游聯句調浣溪沙　出郭尋春春已闌宜興陳維崧其年　東風吹面不成寒無錫秦松齡留仙　青邨幾曲到西山無錫嚴繩孫蓀友　短馬未須愁路遠慈谿姜宸英西溟　看花且莫放杯閒彝尊　人生别易會常難成德

朱彝尊印 白文　竹垞 朱文

跋尾终

以下有梁启超熊希龄宝臣陈宝琛郭宗臣胡嗣瑗诸
家诗词皆荣厚请题

泠瓢饮水蹇驢側帽绝調更無人和為谁夜夜夢红樓
不信道當時真錯　寄愁天上和天也瘦廿纪年光迅
過斷腸聲裏说平生寄不去的愁有麽

右鹊橋仙一首乙丑六月成容若二百四十年周忌用

其词集名且隱括翦截集中後語填此以攄懷舊之蓄
念容若情深文明實為清文苑傳中第一人其遺墨從未
見收藏家道及想傳世絶稀此卷二十九札皆致其摯
友張見陽者札中多以志節相淬厲而一往情深與翛
然塵外之致恒馳露楮墨中容若所以異於流俗之文
人者於茲可見也卷末惟康熙間顧梁汾朱竹垞秦留
仙諸賢題跋此後二百年中未有繼筆牀章先生得此

而首徵余題，得衡接小長蘆釣師紙尾，以賞此稀世名蹟，榮幸何極。輙寫舊詞一闋歸之，表生平嚮往所寄云。

戊辰長至日新會梁啟超

「梁印啟超」白文　「任公長壽」朱文

逝者如斯耳。憶當年太原公子，少年科第，彈指詞中金縷曲，流水高山深意，真值得伯牙知己。俠骨柔腸熱絕調，只淒涼一卷傷心淚，千古恨淚如水。　我雖獨醒人

皆醉共咨嗟才人無命古今同忘廿載干戈魂夢阻久

别思君未已猶幸有輪臺之悔好待承平尋舊雨想松

江木落秋風裏斷不敢是爲記

梓章老兄屬題容若遺墨即用容若贈梁汾金縷曲詞

原韻并致奉之之意戊辰中秋後一日鳳皇熊希齡

「熊希齡印」朱文

「頑山」朱文

納蘭公子真風雅愛才好士心藏寫漢槎生還竹垞登

出入高门多作者，经训菑畬通志堂。授官新改羽林郎，
赐将颜色瞻龙武。谱出和声引凤皇，白山词客君称冠。
冰雪聪明凡骨换，经编世务岂无心。华胄中零徒感叹，
绿野同游望若仙。寻春联句和时贤，风流正始今谁继。
珍重遗书廿九笺。

纳兰容若书迹流传绝少，简牍二十九通，具见性情风味。二百年来居然完好，至可珍爱。卷尾又有同时紫

流题识尤为难得，升华三兄得于吉林市肆，爱护有逾

头目。示观索题，为书长句归之。庚午六月识于吉林客

舍。长白宝熙 「宝熙长寿」白文 「太子少保」朱文

「後村人瑞」朱文 双鉤

晚代朱门数轶才，等闲咳唾绝纤埃。展观休盥蔷薇露，

兰息芝香拂面来。

片羽人間見且稀九朝詞家首全低顧朱去後風流歇

閱華沈吟敢浪題

飲水詞人墨跡生平未見癸酉仲冬拜章兄出所

珍藏索題留賞累日用成二絕似正 海縣陳寶琛 時年八十

有六 「陳」朱 「伯潛」白

側帽餘妍掎裳詶（詶）麗前生衛玠分明記纖璫甚處寄相

思零璣賸骨皴人淚　鳳觜翹才龍文綈世　洲毫偏挾

湖山氣華峯蘭雪舊詞流玉慶天上應成憶

林章老人以飲水詞。手札屬題率成踏莎行一解即乞

拍正　匠厂郭宗熙　「宗熙」朱文

○原脫人字

「吉士」「思秋」白文

曠世花間接小山一生騰都愛清寒玉璫緘札纏綿意

錦贉開題展轉看，風義嫩歲華慳。高樓西北幾憑欄。盛时低首多名輩，璧月瑤枝亂更攀。

納蘭容若致張見陽二十九札合為長卷，跋識並一时勝流。二百年來竹垞後無更著墨者。孝章三見出眎索題，勉綴鷓鴣天一闋。倚聲面目固深愧，玉麈風流矣。辛巳八月胡嗣瑗記

「嗣瑗」白文

83

飲水詞人手書楝樹記卷

曹寅倩當日名家畫楝亭圖并名流題詠四大卷今在項城張伯駒家圖皆方册題詠皆橫卷不知何人所合裝每卷前分裝圖畫數頁後裝題詠若干段吳越所見書畫錄已載此中之一卷知其合裝甚早又恐原有圖畫及題詠俱或不止此數改裝者亦不止四卷也

側帽　白文引首

曹司空手植楝樹記

詩三百篇凡賢人君子之寄託以及野夫遊女之謳吟往

往流連景物遇一草一木之細輒低徊太息而不忍置非盡若召伯之棠美斯愛愛斯傳也又況一草一木倘為先人之所手植則睠言遺澤攀枝執條泫然流涕其所圖以愛之而傳之者當何如切至也乎余友曹君子清風流儒雅彬彬乎兼文學政事之長叩其淵源蓋得之庭訓者居多子清為余言其先人司空公當日奉命督江寧織造清操惠政久著東南於時尚方資黼黻華閭閻鮮杼軸之歎衙

齋蕭寂攜子清兄弟以從方佩觽佩韘之年温經課業廉間寒暑其書室外司空親栽棟樹一株今尚在無恙當夫春葩未揚秋實不落冠劍廷立儀如式憑嗟乎曾幾何時而昔日之樹已非拱把之樹昔日之人已非童稚之人矣語未畢子清愀然念其先人余謂子清此即司空之甘棠也惟周之初召伯与元公尚父並稱其後伯禽抗世子法齊侯伋任虎賁直宿衛惟燕嗣不甚著今我國家重世臣

異日者子清奉簡書東傳而出安知不建牙南服踵武司空則此一樹也先人之澤於是乎延後世之澤又於是乎啟矣安可無片語以志之因為賦長短句一闋同賦者錫山頤君梁汾并錄其詞於左

藉甚平陽羨奕葉流傳芳譽君不見山龍補袞昔時蘭署飲罷石頭城下水移來燕子磯邊樹倩一莖黃楝作三槐趨庭處　延夕月承晨露看手澤深餘慕更鳳毛

才思登高能賦入夢憑將圖繪寫留題合遣紗籠護正
綠陰青子盼烏衣來非暮 成德倡

綵虎才華曾不減司空清譽還記得當年澆膝雁行冰
署依約階前双玉筍分明海上三株樹憶一枝新蔭小
書窗親裁處 柯葉改霜和露雲舍杳空追慕擬乘輶
即日舊遊重賦暫卻緇塵求獨賞層修碧檻須加護蚤
催教結實引鵷雛相朝暮 顧貞觀和

楞伽山人成德拜手書

成德（朱文）　容若（白文）

按四卷中紀年最早者為康熙二十三年甲子，最晚者為康熙三十年辛未。容若卒於康熙二十四年乙丑，此殷似書於甲乙之間，殆可視為詞人絶筆矣。

飲水詞人手書詞簡

素箋本連款八行　譚祖任瑑青舊藏　影本曾載詞學季刊第一卷第二號　按第一首菩薩蠻見許刻納蘭詞卷一　共刻作忍便　第二首鷓鴣天見許刻卷三題曰詠史　鴨綠

為春憔悴留春住那禁半霎催歸雨深巷賣櫻桃雨餘紅更嬌　黃昏清淚閣忍共花飄泊消得一聲鶯東風三月情

馬上吟成鴨綠江天將間氣付閨房生憎久閉金鋪暗花笑三韓玉一牀　添哽咽足淒涼誰教生得滿身香至今

刻作促　處天將　刻作亦　明金鋪　刻作鋪　鋪笑　三韓刻　作冷面　心至今刻作只　今青海刻作　西海　漢人為高士奇

青海年年月，猶為蕭家照斷腸。書似

淡人年道兄正 成德

成德 朱文

自傷情多 白文

飲水詞人書詞扇面

霍邱裴景福伯謙舊藏今在胡汀鷺家影本載詞學季刊第三卷第三號

伯謙所見書畫錄心絕品　白文

落日與湖水終古岳陽城登臨半是遷客歷歷數題名欲問遺蹤何處但見微波木葉幾簇打魚罾多少別離恨哀雁下前汀忽宜雨旋宜月更宜晴人間無數金碧未許著空明淡墨生綃譜就待倩橫拖一筆帶出九嶷青仿佛瀟湘夜鼓瑟舊精靈　題畫者為

孟公道兄正　松花江漁成德　成德　朱文　容若氏　白文

按此水調歌頭刻（又許）本卷四題曰題岳陽樓圖

又按此扇另一面爲顧貞觀書金縷曲二首題曰寄吳漢槎寧古塔詞蓋公長兄教字中貞觀手稿下鈐貞觀字白文印首有伯謙所見書畫銘心絕品白文印

新本載詞字季列第一卷第三篇附錄於後

季子平安否便歸來生平萬事那堪回首行路悠悠誰慰藉母老家貧子幼記不起從前杯酒魑魅搏人應見慣總輸他覆雨翻雲手冰與雪周旋久淚痕莫滴牛衣

透数天涯依然骨肉几家能彀比似红颜多薄命更不
如今还有只绝塞苦寒难受廿载包胥承一诺盼乌头
马角终相救置此札兄怀袖 其一
我亦飘零久十年来深恩负尽死生师友宿昔齐名非
忝窃只看杜陵销瘦真不减夜郎僝僽薄命长辞知己
别问人生到此凄凉否千万恨为兄剖 兄生辛未吾
丁丑共些时冰霜摧折早衰蒲柳词赋从今须少作留

耿心魂相守。但愿得、河清人寿，归日急繙行戍稿，把空
名料理传身后。言不尽，观顿首。其二
寄吴汉槎宁古塔词　孟公长兄教定　弟贞观具

稿　贞观（朱白）

伯谦所见书画录之绝品（白文）

擊腦編

鄭板橋集外詩文

啓功抄輯

击脑编（共三十八页）

约二十世纪六十年代间　墨笔纸本　家人收藏

自書詩七律失題直幅

濰縣三年范七年，山東老吏我居先。一階未進真藏拙，隻字無求幸免媸。春雨長隄行麥隴，秋風古廟向农田。鄉農留醉歸來晚，燈火千家望不眠。載白先生政。板橋弟鄭燮 「橄欖軒」

（北京故宮博物院藏）

蘭竹石直幅

飲牛四長兄其勁如竹其清如蘭其堅如石行輩中無此人也屢索予畫未有應之乾隆五年九秋過予齋因檢家中舊幅奉贈竹無蘇蘭葉偏石勢仄恐不足當君子之意他日當作好幅贖過也

板橋弟鄭燮

「鄭燮印」「克柔」

（北京故宮博物院藏）

蘭直幅

予作蘭有年大率以陳古白先生為法及来揚州見石濤和尚墨花橫绝一時心善之而弗学謂其過縱与之自不同路又見顏君尊五筆極活墨極秀不求異奇自有一種新氣又有友人陳松亭秀勁拔俗嬌然自名其家遂欲仿之并所飄撆其在顏陳之間乎然要不知似◎不似也乾隆甲戌十月板橋鄭燮畫并記 「俗吏」「鄭板橋」

(北京中國美術研究所藏)

「私心有所不盡鄙陋」 「橄欖軒」

(陳松亭名馥)

題黃瀨石捧硯圖小像 直幅

圖為黃慎畫瀨石亦字癭石

鐵硯猶穿況石頭知君心事欲千秋文章吐納烟霞外入手先親

即墨侯板橋燮

（北京故宮博物院藏）

蘭堂幅

官罷囊空兩袖寒聊憑賣畫佐朝餐最慙吴隱奩錢薄贈爾春風

幾筆蘭乾隆戊寅板橋老人為二女適袁氏者作 「乾隆東封書畫史」「樗散」

「敢徵蘭亭」

（北京故宮博物院藏）

竹石册页

石如叟竹如孙，或老或幼皆可人 板桥

「乐旷多奇情」

（北京故宫博物院藏）

题李复堂画芭蕉竹石月季

纸本堂幅淡色款云雍正甲寅冬十月复堂李鱓「鱓印」「宗扬」

板桥题在上端

君家蕉竹浙江东，此画还添桂石功。最羡先生清贵客，宫花南院四时红。

板桥居士弟郑燮拜手为复堂先生题「郑燮之印」「橄榄轩」

（北京故宫博物院藏）

雜書四則卷

揚州二月花時也、板橋居士晨起、由傍花村過虹橋、直抵雷塘、問玉勾斜遺跡、去城蓋十里許矣、樹木叢茂、居民漸少、遥望文杏一株、在圍墻竹樹之間、叩门逕入、徘徊花下、有一老媪捧茶一甌、延茅亭小坐、其壁間所貼、即板橋詞也、问曰、識此人乎、荅曰、聞名不識其人、告曰、板橋即我也、媪大喜、走相呼曰、女兒子起来、女兒子起来、鄭板橋先生在此也、是刻已日上三竿矣、腹餒甚、媪具食、食罷、其女艶粧出、再拜而謝曰、久聞公名、讀公詞、甚愛慕、聞有道情十首、能爲妾一書乎、板橋許諾、即取淞江蜜色花牋、湖穎筆、紫端石硯、纖手磨墨、索板橋書、書畢、復題西江月一闋贈之、其詞曰、微雨曉風初歇、紗窗旭日纔温、繡幃香夢半朦朧、窗外鸚哥未醒、蟹眼茶聲靜悄、蝦鬚簾影輕明、梅花老去杏花勻、夜夜胭脂怯冷、母女皆笑領詞意、問其姓、姓饒、問其年、十七歲矣、有五女、其四皆嫁、惟留此女為養老計、名五姑娘、又曰、聞君失偶、何不納此女為箕帚妾、亦不惡、且又慕君板橋、曰、僕寒士、何能得此麗人、媪曰、不求多金、但足養老婦人者可矣、板橋許諾、曰、今年乙卯、來年丙辰、計偕、後年丁巳、若成進士、必後年迺得歸、能待我乎、媪与女皆曰、能、即以所贈詞為訂、明年板橋成進士、留京師、饒氏益貧、花鈿服飾、折賣略盡、宅邊有小園五畝、亦售人、有富賈者、費七百金、欲購五姑娘為妾、其母幾動、女曰、已与鄭公約、背之不義、七百兩亦有了時耳、不過一年、彼必歸、請待之、江西蓼洲人程羽宸、過真州江上茶肆、見一對聯云、山光撲面因朝雨、江水回頭為晚潮、傍寫板橋

眞贗題甚鑒異問何人茶肆主人曰但至揚州問人便知一切羽

宸至揚州、問板橋在京、且知饒氏事、即以五百金為板橋聘資授

饒氏、明年板橋歸、復以五百金為板橋納婦之費、常從板橋遊、索書畫、板橋畧不可意、不

敢硬索也、羽宸年六十餘、頗貌板橋兄事之、

江秩文小字五狗、人稱為五狗江郎、甚美麗、家有梨園子弟十二

人、奏十種番樂者、十二人皆少俊、主人一出俱廢矣、其園亭索板

橋一聯句、題曰、草因地暖春先翠、燕為花忙暮不歸、江郎喜曰、非

惟切園亭、并切我、遂徵玉杯為壽、

常二書民有園、索板橋題句、題曰、嬌鶯舌嫩由他罵、愛柳腰柔任

尔狂、常大喜、以所爱僮赠板橋、至今未去也、

王篛林澍、金寿门農、李復堂鱓、黄松石樹穀、後名山、鄭板橋燮、高西唐翔、高鳳翰西園、皆以筆租墨税、歲獲千金、少亦數百金、以此知吾揚之重士也、

乾隆十二年、歲在丁卯、濟南鎖院、板橋居士偶記、

（印章失記）（上海博物館藏）

（集中家书濰縣署中与舍弟墨第二书云：可将此书读与郭嫂饒嫂聽。所谓饒嫂即此人也。）

题陳馥畫竹軸

功按陳馥畫竹，学板桥一派，此幅畫風雨竹，押「馥印」、「未二子」小印，角押「悪竹」印、板桥题本幅上方。

又按馥字松亭，杭州人。

一陣旋風卷地来，竹枝敲打靠成堆，無端又是蕭蕭雨，鳳尾雞毛理不開。板橋题 天印山農掛看 「郑燮」「鹤鸪」

（北京故宫博物院藏）

竹石大幅 题三段

乾隆壬午夏五月午後寫此 「二十年前舊板橋」

一半青山一半竹一半綠陰一半玉請君茶熟睡醒時對此渾如在巖谷 受老年學兄正 板橋道人鄭燮 「鄭燮印」「丙辰進士」「歌吹古揚州」

文与可畫竹胸有成竹鄭板橋畫竹胸無成竹与可之有成竹所謂渭川千畝在胸中也板橋之無成竹 按原脱竹字 如雷霆霹靂草木怒生有莫知其然而然者蓋大化之流行其道如是与可之有板橋之無是一是二解人會之 又記 「有數竿竹無一點塵」

（北京故宮博物院藏）

行書條幅　詩亦似題畫之作

宦海歸來兩鬢星，春風高臥竹西亭。雖然未遂凌雲志，依舊江南一片青。

字似燕老年學兄教　板橋鄭燮　乾隆丙子

（年紀四字系兩行注、印失記）

（照片）

蘭冊

春日漸添長，春蘭滿徑芳。畫家無別亇（事？），只畫鄭家香。　板橋

（上海朵雲軒木刻水印本）

蘭竹石條幅

少日曾探上苑花，烏紗一頂負烟霞，而今老去親蘭竹，江北江南總是家

「鄭燮之印」「板橋」「有數竿竹無一點塵」

（張述蘊藏）

題許柏菴隸書軸

渴虎獰龍氣吞顏杜寶刀一喝駭神欲舞 柏菴松（下押「許印松齡」、「顯民氏」一字「瘦雪」、二印，引首「勁堂」）

渾古迂拙精滿骨腴鍾繇欲死中郎欲活 後學鄭燮復題十六字

「揚州興化人」

（武漢東湖屈原紀念館藏）

竹枝大幅

新霜昨夜滿沙洲，竹葉青青色更遒。貫徹四時渾一氣，不知天地有清秋。　紹翁年學長兄先生教畫　板橋居士鄭燮　乾隆甲戌九月二十有一日漫筆

鄭板橋　乾隆東封書畫史

（國藩口文物店藏）

竹石大堂幅

竿是本家生，葉是隣家過。清風咫尺間，隔籬相唱和。　板橋鄭燮

鄭燮印　丙辰進士

（重慶西南師範學院歷史系藏）

赠袁简斋诗立轴

晨星断雁几文人，错落江河湖海滨。抹去春秋自花实，偪来霜雪更枯筠。女称绝色邻谁艳，君有奇才我不贫。不买明珠买明镜，爱他光怪是先秦。

奉赠简斋老先生正 板桥弟郑燮

（成都四川省博物馆藏）

（集中只收摘句云「室藏美妇邻夸艳，君有奇才我不贫」，初不解其故，见此始知集刊二句，乃为更正女称绝色四字，而全诗又不之收，是以只刻摘句一联。不见此轴，何能见其曲折？）

題闲居愛重九圖册 名家詩畫集册

蕭蕭冷雨重陽節，黯黯新霜鞠逕花。不論陰晴名天氣，詩情宜稱破籬笆。 耐愚年学長兄並政 板橋鄭燮草

（成都四川大学歷史博物館藏）

畫竹小幅

竹葉陰濃盛夏時，畫工聊寫兩三枝。無端七月新篁迸，不怕秋風發迹遲。 板橋居士鄭燮

（重慶市博物館藏）

竹石大幅

雷停雨止斜陽出一片新篁旋剪裁影〻落碧紗窗子上便將毫素寫將來　聚文二哥一笑板橋居士鄭燮

[鄭燮之印]　[揚州興化人]

（重慶市博物館藏）

竹蘭石堂幅

□□□〻含瑞色竹枝落〻見清風□□筆法偏嫵拙總為峯巒愧蜀中　乾隆丙寅小陽春月廿有七日畫奉金□亭老寅長兄先生　板橋弟鄭燮

[板橋]　[橄欖軒]

（成都戈壁舟藏）

題李復堂花卉冊

復堂之畫凡三變、初從里中魏凌蒼先生學山水、便爾明秀蒼雄、過於所師、其後入都、謁仁皇帝馬前、天顏霽悅、令從南沙蔣廷錫學畫、乃爲作色花卉如生、此冊是三十年外學蔣時筆也、後經崎嶇患難、入都得侍高司寇其佩、又在揚州見石濤和尚畫、因作破筆潑墨畫、益奇、初入都一變、再入都又一變、變而愈上、蓋規矩方圓、尺度顏色、淺深離合、絲毫不亂、藏在其中、而外之揮洒脫落、皆妙諦也、六十外又一變、則散漫頹唐、無復筋骨、老可悲也、冊中一脂一墨一赭一青綠、皆欲飛去、不可攀留、世之愛復堂者、存其少作壯年筆、而焚其衰筆贗筆、則復堂之真精神真面目、千古常新矣、

乾隆庚辰板橋鄭燮記、

（成都四川省博物館藏）

题黄瘿瓢钟馗小妹图　大横幅画钟馗旁有小妹持萱花

雍正四年夏五月闽中黄慎敬图

黄慎私印　瘿瓢

五日终南进士家，深杯巨盏醉生涯。笑他未嫁婵娟妹，已解宜男是好花。

板桥郑燮题

老画师　壬辰进士

（成都四川省博物馆藏）

竹石

胸中墨汁三千斛，腕底清毫十万茎。喷洒却於何處用，石先生与竹先生。

板桥

郑燮

潍夷长

（成都四川省博物馆藏）

兰竹松石卷

板桥居士为范县令，官事且不能辦，何论家事。一庭米盐琐屑，皆王君体一为予任其劳，暇日作画，亦以兰竹松石之琐琐者报之。藏此不廢，他日相逢，犹记匆匆不暇给时也。

郑燮之印

俗吏

紫凤

（成都四川省博物馆藏）

隸書大堂幅

傲吏身閒笑五侯西江取竹起高樓南風不用蒲葵扇紗帽閒眠

對水鷗　板橋鄭燮　燮何力之有　丙辰進士　引首　樗散

（重慶市博物館）

（按此詩似宋人舊作待查）

是唐人李嘉祐作題曰「王舍人竹樓」

蘭花卷

亂草荒蓬著處埋蘭花無地可安排想因賦質多靈秀定要移根上苑栽 為錫朋賢契老年姪畫并題 板橋鄭燮

（成都四川省博物館藏）

蘭竹石幅

深山絕壁見幽蘭竹影蕭蕭幾片寒一頂烏紗須早脫好來高枕臥其間 板橋鄭燮

（張氏藏鈔本）

（光明日報一九六三年十一月廿日影印插圖）

宋搨聖教序跋

此聖教序之未斷本也、非復唐搨、亦是宋元間物、惜其搨手鹵莽、傷于水墨、如宇宙千劫凡愚疑惑等字皆漫漶、共兩頁十六行、入後則無不善也、自徽言廣被以下、其鋩鍔皆可觀、近世絳雲樓藏本為最、後入泰興季滄葦家、價六百金、何義門王箬林兩先生皆有善本、曾見之、商邱宋氏本最明晰、今歸德州盧雅雨先生、蓋以二百六十金收之、此本不逮諸家、非時代之後、而搨者之咎也、昔為棗強鄭氏物、今歸板橋鄭氏、乾隆廿四年七月十九日撫欖軒主人燮記、

用墨之妙、當觀墨跡、其濃淡燥濕、如火如花、用筆之妙、當觀石刻、其弱者強之、肥者瘦之、鑴手亦大有力、新碑不如舊碑、取其退火

氣、然三四百年後、過於刻露、亦無取焉。鄭燮又記、

或向此帖与定武蘭亭孰優劣、愚曰未易言也、蘭亭乃一時高興所至、天機鼓舞、豈復自知、如李廣郭汾陽用兵、隨水草便益處軍、人皆得自由、而亦未嘗有失、至聖教序字字精悍、筆筆嚴緊、程不識刁斗森嚴、李臨淮旌旗整肅、又是一家氣象、板橋鄭燮、

金錢帖一錢易一字、是雜湊來的、豈無大小參差、真草互異之病、却如一氣呵成、字字出高人部署、李北海嶽麓碑及雲麾將軍神道碑皆出於此、而姿媚愈多、骨力愈少、回視此帖、所謂撼泰山易、撼岳家軍難矣。乾隆十七年寒食濰縣署中記。鄭燮、

（成都四川省博物館藏帖、印章失記）

隸書摺扇

老困烏紗十二年，游魚此日縱深淵。春風蕩蕩春城闊，閒逐兒童放紙鳶。

買山無力買船居，多載芳醪少載書。夜半酒酣江月上，美人纖手炙鱸魚。

乾隆癸酉太簇之月，板橋鄭燮罷官作二首

鄭燮之印

（北京寶古齋藏）

書直幅

曲江才子漢枚皋，御試憑軒錦帕高。姓字璧人誇計吏，文章金粉壓詞曹。堂餐夜割黃羊炙，閣帖春揮紫兔毫。裊裊馬蹄正年少，憶君風度勝醇醪。　乾隆戊寅初夏板橋鄭燮

鄭燮代印　丙辰進士

（重慶市博物館藏）

（閒居）

滿庭芳

閒居（集中收此首題作「晚景」）

秋水連天寒鴉掠地夕陽紅透踈籬草枯霜勁颯颯葉聲悲幾點漁莊雁戶為風波釣艇都稀關山遠征人何處九月未成衣　閒居無一事（集中下片首句作「柴扉亦無一事」）乾坤偕大儘可容伊但著書原錯學劍全非漫把絲桐遺興怕有人戶外聞知如相向年來踪跡採藥未曾歸

紙本斗方尾款末　印鑒亦見

閒居一首調寄滿庭芳　板橋　「鄭燮之印」白文

（北京萬聚興文物店中見）

行书條幅

今日舟中無他事……須添丁以付之也

乾隆丙子暮春為頤堂義子燈下作書殊不稱意此其第三幅也

聊復尔尔姑存之　板橋老人鄭燮

「丙辰進士」朱文　「恨不得填滿了普天饑債」方白文　「鄭為東道主」引首

（前書宋人筆記一則不全録）

（歷史博物館藏）

行書堂幅

板橋 朱文

練江才子有鴻聲宋艷班香句立成萬疊迴鋪黃海浪一時壓倒

板橋名細抄舊稿兼新葉相訂今盟與後盟儂李同舟吾豈敢莀

君有道是先生　海上舟次奉和余山同學長兄原韻兼求教可

楚陽弟鄭燮　（二印，上一印不辨，下一印朱文克柔二字）

（啟功文編《揚州八家史料》附印圖版）

蘭竹石堂幅

乾隆辛巳

此山林之畏佳也若以時下之剪裁栽植绳之則左矣大率作畫之道先從天而入于人則規矩法律井然後從人而返于天則造化生成無踪老拙之説不識玉川老銘第何以教我　板橋兄燮

鄭板橋　乾隆東封書畫史

（題二段、乾隆辛巳四字为一段）

（北京歷史博物館）

石竹兰画幅

四时花草最无穷时到芬芳过便空唯有山中兰与竹经春历夏

又秋冬 殷鹰二兄正画 板桥郑燮

郑兰 板桥 二印俱白文

（北京中国美术馆）

蘭竹石條幅　石峯笏二峯　陳生蘭竹

一峯過去一峯遙，路入三峯近斗杓。蘭蕊愈高香愈遠，洞庭青草滿湖飄。　板橋　「師造物」

（旅順博物館藏）

題畫竹條幅

羹肉烹魚切笋新，庖厨鍋案撰天真。此生願劈千絲篾，織就湘簾護美人。　板橋鄭燮戲筆

（西單文物店見）

手札　纸本横卷

「燮君自欲　君先達」文白

承　三枉顾而不得一回候罪何如也溽暑炎敲蒸耳灼目三遊湖西三病两拜客而两病老朽殘躯惟畏足杜門為便耳　高明諒之

偶畫折枝蘭一盆以為　清供亦銷暑之一法也

（此係畫淺盆内盛蘭花頭十餘朵）

板橋弟鄭燮頓首　光贊四哥足下　乾隆辛巳七月二日

「橄欖軒」　「俗吏」

（吴白匋藏）

跋道因碑

雍正乾隆間京師重小歐陽書人爭嚮之而無善本皆漫滅不可学若此本真宋榻是寶貴也　板橋鄭燮

「鄭燮之印」「板橋」

（有正書局影印本）

蘭石軸

我在山頭蘭葉短爾在山腰蘭葉長後來居上前賢讓定抵先生十倍香　曉堂賢友粲正乾隆乙丑秋八月板橋居士鄭燮畫寄

鄭蘭　白文

二十年前舊板橋　朱長文

（劉九菴抄示）

墨竹轴

江馆新晴晨起看竹露華浮動于日光霞影之中胸中勃勃遂有畫意其實胸中之竹並不是眼中之竹也因而磨墨展纸落筆忽作變相手中之竹又不是胸中之竹也總之意在筆先者定則也趣在法外者化機也獨畫云乎哉板橋道人鄭燮爲瀾星老世姪畫並題时乾隆二十四年十二月雪晴

鄭板橋

燮何力之有

橄欖軒

（劉九菴抄示）

竹石大画幅

柱石□盘大地竹枝一片清风泽溉江南淮海出风徧满天东

戴翁老父台教画　板桥居士弟郑燮

〔郑板桥〕白

〔乾隆东封书画史〕白

乾隆庚辰

〔歌吹古扬州〕白

〔老画师〕白

（刘九庵抄示）

（第三字抄脱误，待查。）

墨竹横幅

文与可吴仲圭善画竹吾未尝取为竹谱也东坡鲁直作书非作竹而吾画竹往往学之黄之飘濂瘦坡之短悍而肥吾竹之肥瘦疎密即从此出以之法为画法亦以画法为字法岂拘拘一格所能□哉　板桥郑燮

「郑燮之印」白文　「北海」朱文　「七品官耳」白文

（宝古斋文物店）

堅淨居雜書

坚净居杂书（共十七页）

约二十世纪六十年代　墨笔纸本　家人收藏

嘗見董香光墨筆雲山小卷絹本
高六寸餘長四尺餘自題云九峯雪
霽圖倣米家山玄宰後有陳眉公
跋云米家畫在似山非山之間玄宰
畫在似米非米之間此中三昧唯余與
李長蘅解之玄宰亦以為然眉公
記
又見絹本雲山大卷水墨淋漓小行
書題云春山欲雨繼題五絕一首云
七十二高峯微茫或見之南宮與北苑
都在攜簦時乙卯春穉董玄宰寫

禾光有满庭芳词题所作米家山云
宿雨初收晓烟未泮数峰都逐
飞龙文君眉黛一霎变颦容
多少风鬟雾鬓青螺髻飘堕
空濛烦鹤望征帆灭处远霭与
俱消合古来画手谁如庄叟笔
底描风有江南一派北苑南宫我之
烟云胃相间点染蒙懂难工但记
取维摩诘语山色有无中见书标
堂帖云禾光自负端生於氏也

余和之云此是董香光抑是趙行之
從軍諸伙伴初見木蘭时趙行之
名泂曾為香光代筆在趙文度之前
藏家讀此和韻拒絕題入卷後
香光云米元暉瀟湘白雲圖自題
云夜雨初霽曉煙欲出其狀若此之
卷予從項晦伯購之攜以自隨至洞
庭湖舟次斜陽蓬底一望空闊長
天云物怪之奇之一幅米家墨戲也
自此每將暮輒捲簾看畫卷覺
不將米卷為剩物矣見容臺別集
[illegible]

劉石菴書以官傳其論書之見
又在其書之下也清中葉流傳唐
人寫經殘本散敀南海葉氏以寫為裝二段劉氏裝為冊至一九八三年華經殘字五十六行至之另
吾見傳殘字廿六行
有劉氏跋及吴荷屋諸人
劉氏今在上海博物館其它影印於神州國光集劉跋云
經有經生書有士大夫書亦光
謂宋里陵於經生書不收入內府
亦不取院畫之意耳然經生書
亦各有師承此卷乃寫經紹
京者靈文密語在在當有吉
祥雲護擁護持滿字半字

139

手稿

固無疑也。按元明以來所見唐人寫經，如西昇經題稱褚遂良，靈飛經稱鍾紹京後本，道經題稱徐浩，實皆經生書也。李唐畫院人也，宋高宗題云所畫長夏江寺圖卷，云李唐可比唐李思訓，推挹極高，初不以院畫而貶斥也。善見律元明以來流傳尚有一卷，有趙子昂、倪雲林、馮海粟諸家題跋，經尾有款識，乃貞觀中經生國詮所寫，筆迹与此残卷缘毫无二，真殆同帖中散佚者。刘氏所谓锺绍京，盖指灵飞经，无论灵飞之非绍京书，使果属锺书，而负钜时人，则从预（以字迹之风格言之，此本与灵飞亦并不似）字之文，佛家称一切文字语，盖谓真言之故，译者不翻，非谓经论，尤与律藏无关，而满字半字更非谓卷册之完缺也。董香光语亦不见容台别集，不知是何赝也。刘氏此跋竟无一语不误，亦奇已哉！

（刘跋原在法华经残本五十六行之后，见耕霞溪馆帖，后世因与善见律残本合装。然法华亦前人手写字数与灵飞亦不数也）

曾見殘本唐寫法華經尾題一段存十八行首行只有子太師三字其上下俱殘次行以下每損（自次行以下起）文曰踈英贊紐地之宏圖翊經天之景運先妣忠烈夫人太原王妃蹈禮居謙韞七誡而垂裕依仁踐義總四德以申規柔訓溢於丹闈芳徽映乎彤管資忠奉國盡孝承家媛範光於九區母儀冠於千古弟子早違嚴蔭已纏風樹之哀重奪慈顔倍切寒泉之慕霜露之感隨日月而逾深荼蓼之悲終天地而彌痛爰

憑法鏡庶展荒衿奉爲二親敬造
妙法蓮華經三千部豪分露彩還
符甘露之门紙散花編還叶貫花
之典半字滿字同開六度之因大枝小
枝並契三明之果伏願先慈傳輝
慧炬託蔭禪雲百福莊嚴万靈
扶護昨玉池而濯想踐金地以遊神
永步祇園長乘輪座傍周法界廣
帀真空俱登十善之緣共叶一乘之
道（此武則天爲其父母所造經也）
按舊唐書高宗紀咸亨元年九月
甲申衛國夫人楊氏薨贈魯國夫人

謚曰忠烈同月壬子故贈司徒周忠孝公士護贈太尉太子太師太原郡王贈魯國忠烈太夫人贈太原王妃此經即是時所寫字體精嚴雅近歐陽信本皇甫、虞恭諸碑而血脈腴潤故非石刻所能及其題識語文詞巧麗與書相稱俱當時之首選惜乎其人之穢德彰聞抹粉塗脂徒留笑柄而已為不相稱耳

余自一九四六年撰急就篇章草本考刊於輔仁學誌之後至今二十五年自愧學不加進歷年續有所見隨記於舊稿之後今重改撰未易重刊不能因拉雜書之於此急就與蒼頡爰歷博學諸作相同本無篇章之名但以首二字為稱故急就只稱急就也四庫提要謂據漢以來之文獻或有篇字或無篇字初無一定又云隋志作急就章一卷魏崔浩傳亦稱人多託寫急就章是改篇為章在魏以後又云今本每節之首俱有章第幾字知急就章乃其本名或稱急就篇或但稱急就乃偶然異文云云自相矛盾余初稿於此亦未有灼見近年反復讀魏書始稍有悟

魏書廿四崔玄伯傳尤〻善草隸行押之書為世
模楷玄伯祖悅與范陽盧諶並以博藝著名
諶法鍾繇悅法衛瓘而俱習索靖之草皆盡
其妙世不替業又魏書卷廿五崔浩傳浩既工
書人多託寫急就章從少至老初無憚勞
所書蓋以百數必稱馮代彊以示不敢犯國
其謹也如此浩書體勢及其先人而巧妙不
如也世寶其迹多裁割綴連以為模楷
據此可知分章裁割以為習字範本起
崔〻浩〻時〻事〻則不復成篇散章行既多急就
章〻稱遂著崔浩所寫固是全篇而章
稱已遍以致偏代全叙史者云人多託寫急就
章此乃以後概前耳提要謂改篇為章

唯本至於石刻見魏正始时刻残石一塊
今藏山东图书馆字作三體石经中古文樣共
存字三行前二行各二存字後一行存觚（不知何文）与眾異
羅五字第四行乃空石知为刻石经时試刻之
字又見安素軒帖刻趙孟頫小楷书本陸
未必真亦屬盧寫釋文之一種又泰和館帖本
其後寓詳論又得韜廬隸譜书冊本
（其書）為光緒丙申歙縣汪宗沂撰其字书与松
江以来各本多不合釋文亦与诸本多異
字也有焦滅胡一章亦不知何據蓋陋妄
之作也又卓君之屬曾藏西安（秦中）學其墨本見
其所以著章草考（補訂急就章偏旁歌）中（而語焉不詳）余初稿刊後曾晤
卓西詢據云其本各字与玉烟堂帖同字之

147

手稿

在魏以後知其當然而未知其所以然於此又知崔浩所寫蓋索靖體之草書本也」

續見古寫或篇刻急就異記於後樓蘭出土殘紙有隸書一紙係首章之文云云全見日本新版書道全集斯文赫定氏原書中未收又明西北出土李柏文書叢殘碎紙中有一殘紙真草二體各存半行章其真書略近張遷碑其字句失記係日本大谷光瑞橘瑞超竊去者見日本影印本李柏仕於張軌之子重華時當東晉之初又見石渠寶藏趙孟頫宋克章草寫本俱有影本又宋克用藏經紙寫章

拆開依韻編次後跋殘存秦中等甚至等
字故以為標題焉
余初稿記論泰和館本標集古求真求真謂筑鉗
館本作筑錚与王伯厚注碑本合余檢玉海並
無此語又以論黃帖源流不明字畫跋亦不足據又謂其所舉某字正某字誤皆字書釋文
之歧互者斷斷之云尤無足論也其後李君以東
代為借得影印館本乃知其与松江歧異諸字
直是此偽者妄改以泯形跡翻刻之迹亦顯然敗露
正生於此見磐字之改礬即其題識也余於九
四七年獲明拓松江本於馬井平先生先生為
書長跋畧云元白先生得松江本僅第廿三章磐
字釋文偶遺餘皆完整無闕向為初拓之無疑余
因此一字而知所謂太和館本者蓋出自松江本也
元白嘗撰急就篇章草本考引集古求真所載

太和館帖今有影本行世凡此本所闕五段彼帖亦闕
唯五段以外之少數闕字彼皆補齊磬字等亦作
磬玉液徵引各本皆釋作磬未聞有異文獨太和
館本釋文作磐驗之此本字經湯漶而輪廓具
在決為磬字蓋此字之脚當在立碑之初後不久作
偽帖者不加深考遽去其作磬致與草書歧異不省
此初拓本以致其誤之由也又元白謂徐鉉趙孟
頫本篇首但從急就字起第二章以下始著章數
自急就字起未皆存其章次之式可謂獨具卓識
太和館本於草書第五行首旁注鄭子二字蓋
楊政所據者未必即潁昌原刻篇首已多出第一
兩字既行款不符難有闕文且點亦顯係帖既補
齊闕字自不得不旁注以就行款此亦帖本根據
楊刻之證也功按拙作初稿未見館本已致其疑
詳林平先生此跋知免武斷之譏矣

初稿迻錄澂清堂帖中急就諸跋尤氏之名原拓墨痕淹漬張勺圃先生跋澂清堂帖以為熇字余錄文以為焴字然其字右旁上端甚低終有可疑後以[illegible]耳[illegible]照帖[illegible]中字尤焴跋焴字火旁甚高[illegible]旁山字甚小筆意與急就跋字無異乃敢定為尤焴一字釋文竟待二十餘年始得印證學問之事豈易言哉

影印古代字帖设计方案

影印古代字帖设计方案（共八页）

一九六五年　钢笔纸本　北京市档案馆藏

影印古代字帖設計方案

1.『二王法書選』（方案一）

（名稱亦可用『歷代法書選——二王墨迹卷』，

其餘各冊俱在總名之下作分冊的標題，

如『唐人墨迹卷』、『宋人墨迹卷』之類。）

王羲之：萬歲通天帖中前二帖（唐摹）（遼寧博物館）

兩後帖（唐臨）（故宮）

此事帖（唐摹）（張氏）

寒切帖（未見，聞在天津博物館）

曹娥碑（遼寧）

黃庭經（唐臨）（故宮）

王獻之：萬歲通天帖中一帖（唐摹）（遼寧）

鴨頭丸帖　（上海博物館）

中秋帖（古臨本）（故宮）

東山松帖（宋臨）（故宮）

附其他晉代名家：陸機：平復帖（故宮）
謝安：慰問帖（宋臨）（故宮）
萬歲通天帖中二王以外各帖（遼寧）
王珣：伯遠帖（故宮）
（以上只收國內現存之晉帖，蘭亭序另作專冊，不收入此冊。）

4

20×15=300

乙、『晋代名家法書選』（方案二）

陸機 平復帖

王珣 伯遠帖

謝安 慰問帖

王羲之 萬歲通天帖中二帖

雨後帖

此事帖

寒切帖

曹娥碑

黄庭經

王獻之 萬歲通天帖中一帖

鴨頭丸帖

東山松帖

中秋帖

附録：

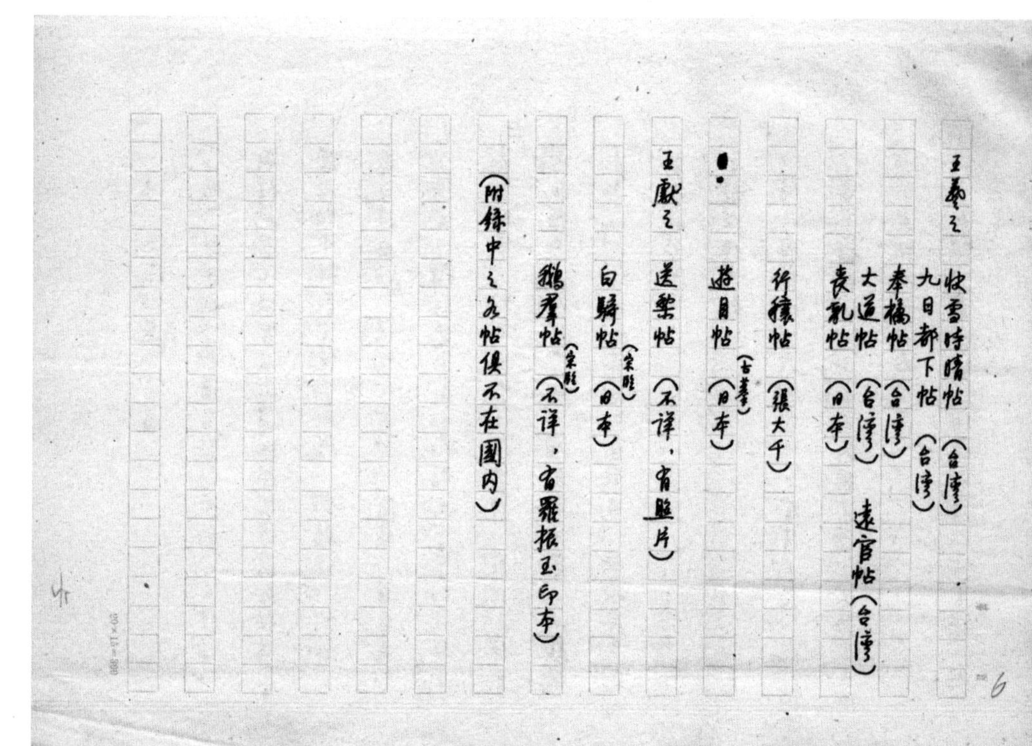

王羲之 快雪時晴帖（台灣）
九日都下帖（台灣）
奉橘帖（台灣）
大道帖（台灣） 遠宦帖（台灣）
喪亂帖（日本）
行穰帖（張大千）
遊目帖（古摹）（日本）

王獻之 送梨帖（不詳，有照片）
白騎帖（宋臨）（日本）
鵝群帖（宋臨）（不詳，有羅振玉印本）

（附錄中之各帖俱不在國內）

6

3、『二王法帖選』（方案三）

（此冊只選宋刻宋拓著名法帖中的二王佳帖，取材範圍以故宮及上海博物館所藏各帖為主。各帖中選取字佳、刻精、拓精的。例如王羲之『建安帖』，淳化、大觀、澄清、寶晉各帖中俱有，擇取其中刻拓最精之一本。又各刻中王羲之所有之帖，不少於一百多件，在其各件中選取精品。各種字數，如真草行等。此類帖多是三五行為一件，各自單行，並不牽生割裂文辭的問題。）

取材各種古刻：

淳化閣帖、大觀帖、澄清堂帖、絳帖、寶晉齋帖、（以上是主要的大宗來源，其餘零星古帖不計在內。）

（十七帖、黃庭經、十三行等，可另編一冊或二冊，不入此內。）

7

4.『蘭亭帖選』(甲)(方案四)

唐摹(神龍本)本(故宮)

米跋褚臨本(故宮)

唐摹絹本(長沙博物館、未見)

天曆本(故宮)

米跋陳緝熙本(明人摹)(故宮)

附：米跋黄絹本(日本)

元人陸繼善鈎摹本(台灣)

(附錄二種可省可參)

(此冊只取摹臨之墨迹本，不收石刻本)

5.『蘭亭帖選』（乙）（方案五）

定武蒯本（故宮）

游相藏本八種（故宮）（一種在慶雲堂）

上海博物館有游湘兰亭三种，附有王寧詩（即陳鑑之）

宋拓褚摹本（故宮）

米摹兰亭 王女跋

其他舊刻本（天津博物館藏翁方綱搜集蘭亭帖多種，合裝數卷，未見，可選拔佳品）

附錄：

定武柯九思本（台灣）

定武獨孤本（日本）

定武吳炳本（日本）

（此冊只印石刻古拓本。如為一冊中可見全貌，可將方案四、五合為一冊。）

6.「唐代名家法書選」（方案六）

歐陽詢 夢奠帖（遼寧）

卜商帖（故宮）

張翰帖（故宮）

千字文（遼寧）

張旭 四詩帖（遼寧）（唐人書，無名款）

顏真卿 竹山聯句（故宮）

湖州帖（宋臨）（故宮）

柳公權 蒙詔帖（古臨本）（故宮）

高閑 半卷千字文（上海）

懷素 苦筍帖（上海）

論書帖（遼寧）

杜牧 張好好詩（故宮）

（唐人墨跡，國外尚多，如作資料，可另印一冊，本冊內分量已足，似無須附錄。）

诗稿散页

诗稿散页（共十三页）

墨笔纸本

章草書史岑出師頌米友仁定爲隋人書宋代叢
帖所刻或題蕭子雲或題索靖者皆自此翻出者

唐人
真書

六朝別字體無憑三段妖書語莫徵正始以
來論篆隸唐人畢竟是中興

唐人
篆隸

事業貞觀定九州巍峩宮闕起麒遊行人不

有觀碑法透過刀鋒看筆鋒魏始平公造象記。王帖惟疑伯遠真非鉤是寫最精神臨窓映日分明見轉折毫芒墨若新王珣伯遠帖。

琅琊奕世盡工書真贋同傳久不殊萬歲通天留鸞榻金輪功績過天樞萬歲通天摹王方慶家藏帖。

武言異趣出鈎摹章草如斯世已無梁武標名何足辨六朝柔翰壓奇觚

佚名章草異趣帖，舊題梁武帝，以其作釋典語耳。

永師真迹八百年海東一卷逃劫灰兒童相見不相識少小離鄉老大回

智永千文墨迹本，唐代傳入日本，持校宋陝刻本及羣玉堂帖刻殘本，並以六朝隋唐墨迹證之，知其當屬真迹。

隋賢墨迹史岑文冒作索靖蕭子雲湯說虛名勝實詣葉公從古不求真

數行古刻有餘師，焦尾奇音續色絲。始識彝齋心獨苦，蘭亭出水補粘時。

余所藏本，尾有殘損，曾以響搨法補全之。

世人那得知其故，墨水池頭日幾臨。可望難追仙迹遠，長松萬仞石千尋。

積石千尋，長松萬仞，碑中語也。

江表巍然真逸銘，追追魯郡得同聲。浮天鶴響禽魚樂，大化無方四海行。

此碑書勢与瘞鶴銘同调，文有禽魚自安及鶴響難留之句。

銘石莊嚴簡札遒，方圓水乳費探求。蕭梁元魏先河在，結穴遥歸大小歐。

六朝楷法，至唐初始圓滿具足。

出墨無端又入楊，前茅松雪後香光。如今只愛張神冏，一劑強心健骨方。

碑中冏字，即冏冏之别構。

右六首題魏張猛龍碑。

題記龍門字勢雄，就中尤數始平公。學書别

禮器碑、史晨碑、

筆鋒無恙字如新體態端妍近史晨雖是斷
碑猶可寶朝侯小子爾何人

小子殘碑、

石言張景造郡屋刊刻精工筆法足勸君莫
買千金碑劉熊模糊史晨禿

張景殘碑、

北朝重造夏承碑高肅唐邕故等東漢隸續

終無此體筆令貌古太支離

夏承碑疑北齊重立，如北宋之重立弔比干碑。

軍閥相稱係是賊誰為曹劉辨白黑八分至此漸澆漓披閱經年無所得

曹真殘碑，文有蜀賊等語。出土後，陸續為人鑿去。

清頌碑流異代芳真書天骨最開張小人何處通溫清一字千金淚數行

張猛龍清頌碑，以冬溫夏清諸字未損者為貴。

彈非趙派安詳序畫寫宮詞 柯九思

踈越朱絃久寂寥陵夷八法亦煩囂論書廿
下迂翁拜古淡風姿近六朝 倪瓚

萬古江河有正傳無端毀譽別天淵史家自
具陽秋筆運道香光學米顛 董其昌明史本傳云書學米芾

刻舟求劍翁北平，我所不解劉諸城。差喜天真鐵梅叟，肯將淡宕易縱橫。

翁方綱、劉墉、鐵保。

橫掃千軍筆一枝，藝舟雙楫妙文詞。無錢口数他家寶，得失安吴果自知。

包世臣。世傳論書絕句墨迹，有自跋云：身無半文錢，口数他家寶。以上二十首一九三五年作。

禮器方嚴筆勢堅，史晨端勁有餘妍。不祧漢隸宗風在，鳥翼雙飛未易偏。

乳臭紛紛執筆初
衆人霧外識匡廬
隶魂石魄才經眼
已薄經生是俗書
（唐人寫經）

筆姿京卞最清妍
躡晉踪唐傲宋賢
一念雲泥判德藝
遂教坡谷以人傳
（蔡京、蔡卞）

臣書刷字墨淋漓
舒卷煙雲勢最奇
更有神通知不盡
蜀縑遊戲到烏絲

米芾.

草寫千文正寫經温夫逸老各專城宋人一例標新尚此是先唐舊典型

王升字逸老，張即之字温夫.

樸質一瀉成側媚吳興贋迹日紛綸纖瑕不入隋侯眼点有流光恍婦人

趙孟頫僞趙書側媚而薄，真迹不爾.末五字古句也.

丹丘復古不乘時波磔翩翩似竹枝別調自

樓蘭出土晉人殘牋云，無緣展懷，所以為歎也，筆法絕似館本十七帖。

蝯翁睥睨慎翁狂，黑女文公費品量。翰墨有緣吾自幸，居然妙迹見高昌。

六朝碑志筆法可以高昌墓志墨迹證之。

硯凹磨穿筆作堆，永師真面海東回。分明流水空山境，無數林花爛漫開。

智永千文墨迹本。

爛漫生疎西來妨，神全原不在矜莊。龍跳虎

臥溫泉帖妙有三分不妥當平聲。

敦煌本溫泉銘。

宋元嚮搨汝南志，棗石翻身孔廟堂。曾向蒙莊聞儻論，古人已與不傳亡。

虞世南。嚮搨，米芾所謂向明搨也。嚮多誤作響。

書樓片石萬千題，物論悠悠總未齊。照眼殘編來隴右，九原何處起覃溪。

見敦煌本化度寺邕禪師塔，乃知翁方綱平生考訂以為真本者，皆誤也。

論書手札

论书手札（共十页）

墨笔花笺

曹娥碑云撫節安歌婆娑樂
神後漢書云迎婆娑神來起
為范蔚宗倒誤抑傳寫之訛也
世習採碑誌證史謂越法帖
亦足證史之訛

趣真則滯涉俗則流

此裴休撰僧端甫塔銘中語塔銘多諛墓諛僧諛闍珠無足取惟此八字通於書道

啓功

圓姿替月潤臉呈花

启沙门大雅集古軍書興福寺碑亦托以人撰文重功德主為宦官某碑述其妻比與之二語每展卷臨池常為絕倒

此閹名文碑斷失其姓氏

余不喜宋儒之說而獨程顥朱熹之詩程詩云萬物已隨秋氣改一樽聊為晚涼開又云莫辭盞酒十分勸只恐風花一片飛皆絕無頭巾氣者

北樓畫

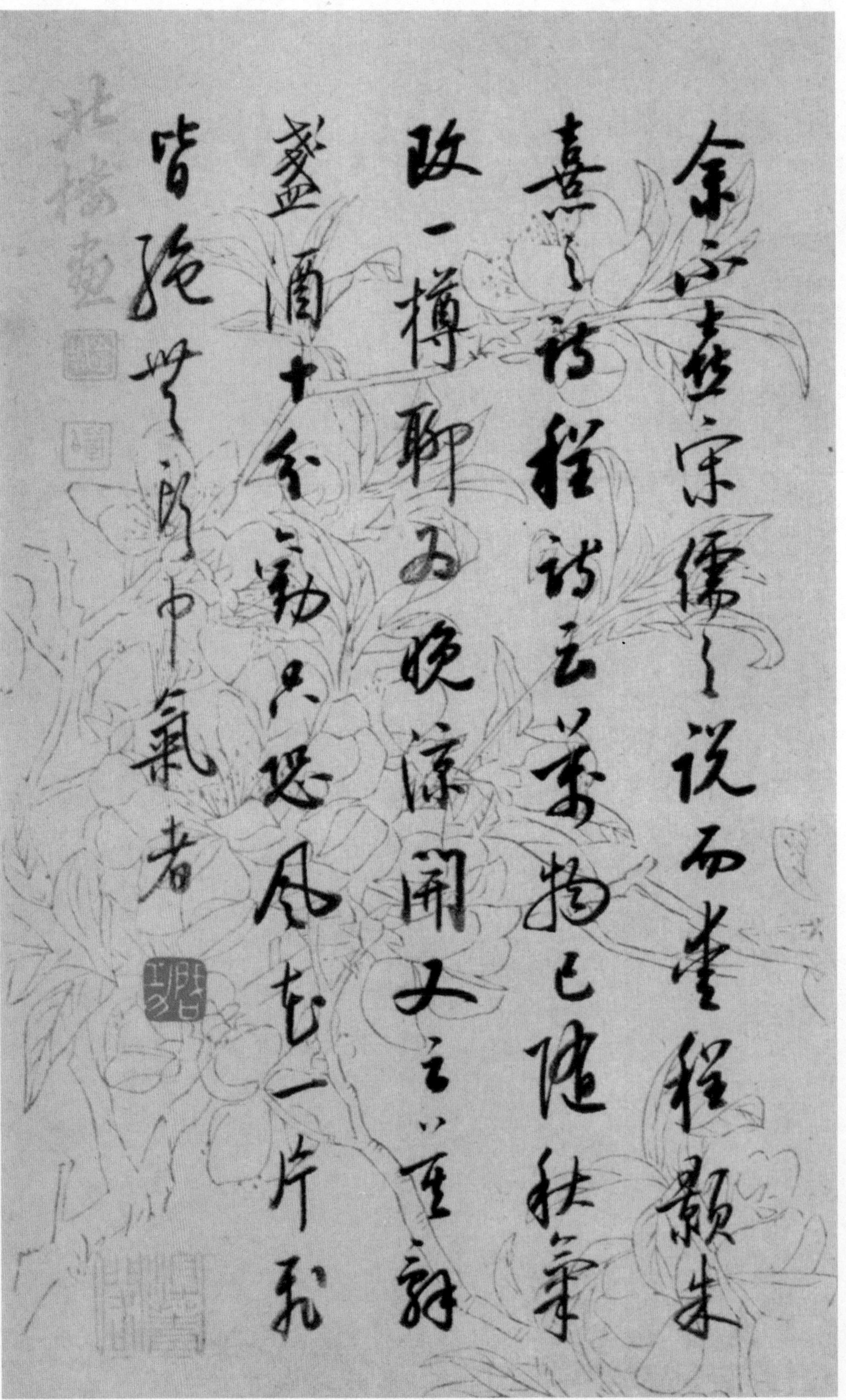
余亦喜宋儒之説而嘗程顥朱
熹之詩程詩云萬物已隨秋氣
改一樽聊為晚涼開又云莫辭
盞酒十分勸只恐風花一片飛
者

北魏官職有羽真一條史籍及金石中皆見之高貞碑記貞字羽真則又非官名余嘗疑為烏珠之譯音如特勤台吉太極亦官職亦名號耳又單于余亦疑為達烏珠之縮音單于之音譯則後人妄注也

尝或歌从军吟出塞曒兮极关山明
月之思萧兮得易水寒风之声传乎
乐章布在人口
王之涣墓志西河靳能撰此铭
盖记其诗篇流布之盛而谈旗亭
画壁事之不诬昭人益叹之借此
雨正先生误

劉墉於人無稱謂上款書某某
所不得已而有稱謂者又無非正之
語嘗見先生為果益亭書聯上款題
益亭年兄四字為識冶亭書冊上
款題冶亭尚書鑒五字故余於劉
官但呼其名

昔新悲故今故悲新餘心留想有念無人

誌墓之文多溢詞隋蜀王秀爲其美人董氏撰墓誌有此四句語妙得未曾有余嘗一再書也

曹娥殉父故曰孝女其碑云哀姜哭市杞崩城隅

又云剋面引鏡剺耳用刀又云坐臺待水抱樹而燒

繼之云於戲孝女德茂此儔何者大國防禮自脩

皆攀非其倫蓋古之名媛殉死從夫者多以身殉

父無事可徵故牽附綴辭勉成駢語最可怪者

蔡中郎黃絹之題直似未讀碑文者乃起附會

蔡題者作賊心虛設為夜暗手摸之字以防人問難

可代中郎答之曰未長夜清乎

批跋

批跋（共三十四页）

第二卷 睢川李氏舊藏 有正書局印本

第四卷 睢川李氏舊藏 有正書局印本

第五卷 睢川李氏舊藏 有正書局印本

第六卷 翁覃溪舊藏 古物同欣社印本

第七卷 固始張氏藏 古物同欣社印本

第十卷 黄氏賓虹艸堂藏 神州國光社印本

世傳大觀影本僅此六册第十卷册全屬版印不甚清晰第七卷精彩稍遜第六亦由諸帖字體較小之故李氏三卷沈寐叟指為海昌舊刻不失爲[illegible]墨中草書大字如王導張華等帖行書如王洽羊欣等帖皆精妙不減墨跡仍當以真本論也

吾家藏此經卷卅全卷長三丈餘為許際唐得自甘肅者與此卷書法亦毫無異豈即一部中分散者耶然則其為隋唐間人所書則無疑矣般若經今本廿七卷與唐本不同般若經又有十卷本與廿七卷本同收大藏中

坡書尚有二卷金賢書則止
此爲雜觀餘唯零星之品焉
已寅所寶諸帖悉已入日本
阿部氏篋中功生也晚[illegible]已[illegible]錄
視之 一九五六年一月二日

蘇東坡書太白僊詩卷影本 金源名人跋尾

識彝齋心獨苦蘭亭出水補粘時　世人那得知其故墨水池頭日炙臨可望難追仙跡遠長松萬仞石千尋　江表巍然真逸銘迢迢魯郡得同聲浮天鶴響禽魚樂大化無方四海行　銘石莊嚴簡札遒方圓合一貫探求蕭梁元魏先河在結穴遙歸大小歐　出墨無端又入楊前摹松雪後香光如今只愛張神冏一劑強心健骨方

壬寅四月廿五日得碑逾五十日書　啓功

碑云祠祭摩訶伽剌蓋係財寶天王之法今间稱嘛噶喇者也意園翁但釋勝巴而未及此因補記之

王懿榮跋竟轉至辭只是微其非所版字體仍是依之包世臣之餘波爲王氏此跋僅可稱爲帳簿書耳

橐駝名字本胡猜馬背臨時腫上來讀了碑經書派論始知太傅是高材

武昌松风阁诗作于崇宁元年时山谷五十七岁

张侯何时到眼前谓张文潜也

此卷前有一宋印文曰台州□□县抵当库记

此印本拟原迹罢有展大

此卷共用紙四張前三張每張書八行後一張只存字五行

疑原有款識元祐黨禁後割去耳

此卷執筆高懸腕而書故时有失誤或筆劃不到處

不得不加描補此所以指段描字之識耶

描筆明顯處如筵字旋字之捺脚處如氊字亶旁第二筆

等皆是

真行書墨迹

○松風閣诗

8伏波神祠诗 刘賓客诗

○青衣江题名 徼贊诗跋

贈姪诗

王史二墓志

王晋卿诗卷跋

苦笋賦

石渠寶笈名札

趙景道帖及诗

○華嚴疏

發願文

8寒食诗卷跋

草书墨迹

8憶舊遊诗 太白诗

8法眼語錄 諸上座帖

寄賀蘭銛诗 杜诗

○花氣诗

廉藺列傳

真行草书摹刻本

8陰長生诗 秋思

○寄嶽雲诗 快雪

贊孙其墨帖

西樓帖跋

鵝羣帖 黄庭經文

砥柱銘

真行书碑本

○草菴和尚歌

南浦题名

中興頌後题

七佛偈

狄梁公碑

此碑与坊間景印宋拓本不相上下以紙墨度之即非宋拓亦必元時物也惜揭表時少有零亂毀損耳

碑於明代出土何來宋之拓本以紙墨論最早難逾嘉道之間余曾獲舊本數冊久已散失今得此冊用補不足而已戊午新春識於中華書局

一九七八年夏歷正月初五日得於慶雲堂啓功記

填词在五代两宋只是口頭小曲故长短隨人字句無妨增襯及宮譜既不流行詞调遂同識案有其當然無其所以然矣世人常病唐人學漢隸之敝不知魏晉之漢隸亦有其敝也时人用时法操縱在己故得左右逢源後人效前法體貌因人易致按模脫墼於是定型出而流弊見矣豈文章獨書法然哉

啓功

手稿

199

此册拓雖不甚舊，而前三行末字俱存，亦得畧稱為善本矣。冀山邵海父先生之舊藏，是考校者之藏，非好事者之藏也。啓功

泛觀漢碑書法，碑各一風，各隨書人之意。逮至漢魏之際，漸有定式，波磔斬截如用楄筆劃成，有造作之氣。受禪表、孔羨碑已開其先範式。曹真以至晋代碑碣之作，漢隸體者無不如此。蓋漢碑書勢是當时通行之體，漢末漸有圓便之真書，漢隸遂成舊體，非有定式不足昭其典重。啓功之

集書大雅〻名家半截碑
文語太嬌寫得閻妻顏色好
圓姿替月臉星花
舊作一首 湯也 啓功

明代翻刻松江本，磬字完整，松江原刻雖極早拓本磬字已泐，此本可貴在此。

此冊前二段崇禎八年乙亥書，思翁八十一歲。樂志論、冷泉亭記二段萬曆四十四年丙辰書，思翁六十二歲。

此是徐世章用舊影片付印者尚稱清晰原本拓法裱法似俱不如周芝臺本精美周本有董香光跋早已流出國外矣

一九五四年一月十五日燈下書

此冊原本聞歸徐氏又聞亦入日本今徐氏已逝藏物俱歸天津博物館他日不難寓目也 一九五五年九月廿九日

聖教序墨皇本

天津徐氏影印

一九五四元月手訂 元白

此册曾經霉濕紙質糜爛畧加拂拭其表面一層應手脱落其殘損雖多而未損之字神彩奕奕不待持校碑字證而知為舊本即以字訣論釋迦文之文字僅損捺脚諸佛之下智字楷存九門之門字右肩可見其為三百年前氊蠟毫無疑義近每習唐人楷法以墨迹之點畫使

轉推從此碑筆意真有頓還舊觀之樂時

一九七六年秋日啓功書於西城小乘巷寓舍

潛研翁謂碑文以能叶來猶存古韻按今北方語謂本領曰能耐初以耐為詞尾今悟古音實多存於口角不獨能字為然也臨此碑一通竟歷數日今夕臨畢 時已午夜快然題記 小乘客

董香光書錢忠所神道碑

思翁於崇禎四年辛未再起為禮部尚書掌詹事府事，時年七十七歲，明年壬申詔加太子太保致仕，越三年乞休。此碑有年月，以太子太保結銜考之，實八十歲時筆也。

文敏今歲丁卯，天啟七年，乃撰文之時也，書寫時思翁七十三歲筆也。

外高祖鶴汀相國諱寶尚阿蒙古阿魯特氏行誼具詳清史暮年家居雅好臨池日課小楷罔不臻精妙海内流傳以功所見無一潦草行筆之作莊敬日強先哲之言固不我欺也 啓功獲觀謹識

啓功

有情風萬里卷潮來無情送潮歸問錢塘
江上西興浦口幾度斜暉不用思量今古俯仰
昔人非誰似東坡老白首忘機記取西湖西畔
正暮山好處空翠煙霏算詩人相得如我與
君稀約他年東還海道願謝公雅志莫相違
西州路不應回首為我沾衣

右東坡寄參寥子八聲甘州一首每一誦之可
想見其人再展所書此賦不禁擊節蓋真值
得這首詞者

啓功

安廣居跋謂停雲翻摹入石余以停雲初拓本校之刻手固有不及此本處然破鋒飛白多於此本絕非翻摹所能杜撰也近代壯陶閣帖所據乃一摹本今在徐氏石雪齋黃紙雙鉤無元人諸跋鉤摹頗精當出宋元名手安氏底本已入石渠寶笈存亡不可問矣甲申秋七月元白記

葉調生吹網錄記別本深慰帖云林藻深慰帖楓江袁氏五硯樓舊藏此石不知何人手鐫与前明文氏刻本毫髮無異印〻川少時曾見之石質類碧玉袁氏家落後歸於揚州江氏康山草堂江後負鹺課籍沒石遂入官不知所在今搨本不可復得矣按葉氏所記豈即安家原石耶抑安文二家之外尚有刻本耶錄此俟考

偽星鳳樓帖中有深慰帖

五研樓本余得舊搨一冊有印〻川小印及徐子靜藏印諦校〻与此非一石也

松雪云書法以用筆為上而結字亦須用功試取一字點劃前後另列之將成何字

昔人问心艺之秘于鲜于伯几，应之曰：胆胆胆！郑板桥论画要自怒中得之，曹子桓论文以气为主，所言实一理耳。白石山翁之画，似天地万物无一不可生于笔下者。小至花鸟，大至山川，百草千花，黄童白叟，小计至须蕊之纤，峰崖之峻，振笔直行，目中无无所画之物。所谓横扫千军，世人以为虚喻，而见前之笔者，又不期而觉其言之信矣。前画枯笔，吾尝效之，吾笔挺然如铁之不能稍屈。吾之笔未及尺许，已粗细不伦，疲苶难继，乃知前贤所喻，不吾欺也。

吾友王大山先生赏鉴名家，今之吴用

卿也。畫梅咸羅兩峯，行世直逼朱雪箇，又吳太守之所不能去。於白石山翁之畫，尤有夙契。近偕其及門之友楊君忠行、鍾君志森，選拔山翁精品，得若干幅，精印成冊，以享同好。海內外賞音且嗜山翁畫者，手此一編，如驪珠在握，無俟旁求矣。庚午秋日啓功識於燕市

魏書志闕葉

輔仁大學史學會據鴈耘書屋校本補

改章功德晉氏失政中原紛蕩劉石以一時姦
雄跋扈魏趙苻姚以部帥强豪趑趄關輔於是
禮壞樂隳廢而莫理大魏應期啟運奄有萬方
雖日不暇給常以禮樂為先古樂虧闕詢求靡
所故頃年以來剏造非一考之經史每乖典制
遂使鏗鏘之禮未備於郊廟鼓舞之式尚闕於
庭陛臣忝官宗伯禮樂是司所以仰慙俯愧不
遑寧處者矣自獻春被旨賜令博採經傳更制
金石并教文武二舞及登歌鼓吹諸曲今始校

就謹依前勅延集公卿并一時儒彥討論終始莫之能異謹以申聞請與舊者參呈若臣等所營形合古制擊拊會節元日大饗則須陳列既歲聿云暮三朝無遠請共本曹尚書及郎中部率呈試如蒙允許賜垂勅判詔曰舞可用新餘且仍舊鼓吹雜曲遂寢焉

初御史中尉元匡與芳等競論鐘律孝明帝熙平二年冬匡復上言其事太師高陽王雍等奏停之先是有陳仲儒者自江南歸國頗閑樂事

此葉自靖康以來亡佚八百載近始復出前十五行見冊府五六七後三行見通典一四二真快事也

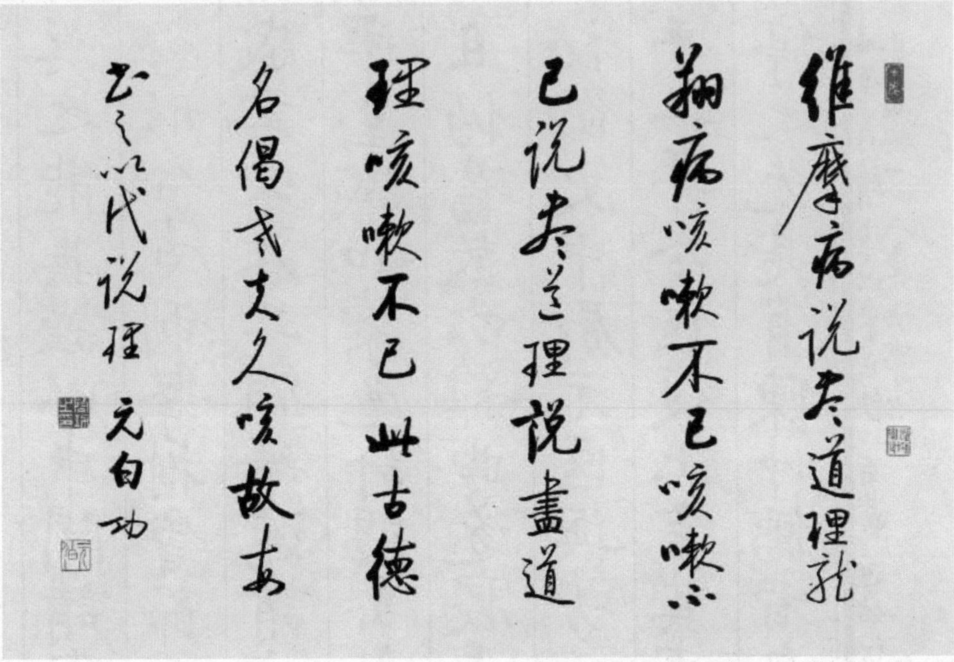

奮志南方問正因
正因二字不曾聞七
零八落袈裟角
羨得凌霄幾片
雲古德偈語世法求
學所獨不然 啟功

古之銘石書多故求方整以示莊嚴点即形成相傳之刊刻體而簡札書中手寫體之彈性美性之不可得見其能方不至於板滯圓不失其莊嚴每筆每字时方时圓或方或圓相輔而成者惟此碑得其妙但仍是混合者而非化合者至唐之醴泉銘則如鹽入水融合無間刊刻體与手寫體统一莊嚴美与彈性美统一故真書中銘石之作張猛龍碑爲小成醴泉銘

益大成以律詩爲喻猛龍如謝朓庾信醴泉
則如沈佺期宋之問謝庾之作漸成律體而仍不
免於失黏沈宋之後格律成熟益無礙於語意
之縱橫變化且字體各有其用世人習古之銘石
書而施於簡札猶如蓋寢著朝衣服者与觀者
俱不舒適也　古舊作張猛龍碑跋一首　春日
多風益患齒痛閉戶作書令人想孫壽之一
笑韓愈之一哀　小乘客　不是石濤

董狐絶祀寇紛紛誰遣神羊入虎羣老友瘴蝬今在否料應和淚說孤雲

次怪竹所紀詠菊原韻

一到春雷便努芽香從地坼蘚蘭加般般兒女三年後解得黄花是國花

樾村將舍皖耕於其鄉嶽麓之野歌以錮之

生者易樾村死者徐伯蓀一湘而一浙孰爲龍爲麟霍山百里一雲起夜塞樅陽門不啓更遣九子斷江水香流一弔君之身父老爲種桃花米曷歸哉殉知己

註 易樾村字白沙民元襄助先生辦理青年軍後因憤嫉世俗蹈海死

錄宇所印

示蒯若木

身無餘地是長安舊事如灰火正寒車耳黄塵漢一尺入門作佛出門官

寄張季直師

一江南北共今生汲盡中泠便未成十載蘋蘆好風雨師名天下我無名

硯銘

破山得龍腹出肝入世磨墨滄海乾罡罡沸鼎生微寒

以上三首見一九三五年王靈皋所撰序文中並注云未收入雁门世兄所編遺著雁门者著伯之子也

日前偶游上海古籍书店，購得韩著伯公《綠雲樓詩存》，喜出望外，作二絶紀之。

掃除天下英雄志，鐵彈無情巨棟摧。自是胸中富靈氣，噓成朵朵彩雲飛。

昔日連城窺片羽，奇情壯采撥心弦，申江今喜收全豹，不負窮蒐過卅年。

一九八二年十二月十五日 鍾敬文題

余与敬老同愛綠雲絶句，求其集苦不得。敬老一旦獲此，欣喜狂叫，題句見示，因爲録之。啓功

有 一誠錄本作 校

冷作泠

冷作泠

綠雲樓詩存

正月十六日雨

昨夜星光射孝陵一城人買上元燈便思寒食通州去細雨題詩祭駱丞

註 通州城東有駱賓王墓

中泠二首

萬里昆侖地底奔入江誤觸石蓮根遂令千古金山下日對天河自吐吞

古人一事未曾聽買棗自雕陸羽經嘗罷雨花臺上水呼燈騎馬到中泠

蓄伯遺著 綠雲樓詩存 一 華豐印刷

一九七六年冬谷風同志出示所集六朝隋唐古迹一冊雖多殘紙而零金碎玉俱堪珍貴功亦收得一冊其紙不過掌大而什襲摩挲見者嘆之今觀斯冊富於敝篋之物十倍燈下把玩不能釋手因書卷後以紀眼福且見世更有癖於我者谷風同志是也然先民之文化遺迹正賴以存而谷風之宏願偉績又不僅在此數紙也 啟功識於北京西城小乘巷寓舍

中国人民邮政 8分

收信人地址：

寄信人地址姓名：

羲之頓首
快雪時晴
佳想安善
啟功書

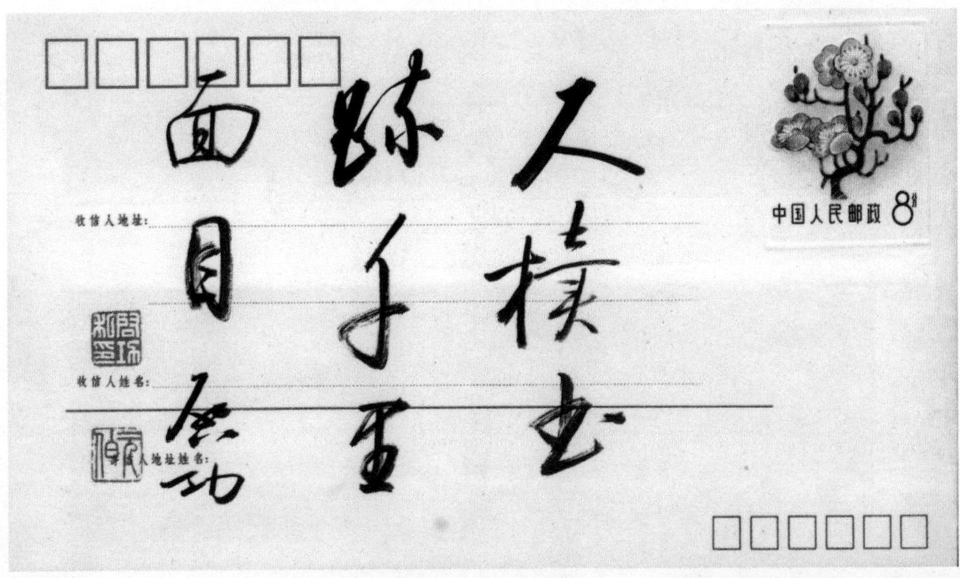

響泉先生特立獨行，表章近世藝林數十年。昔曾求教，誨示拳拳。所著畫家詩史，以人存詩，以詩存畫，權衡精密，寄託遙深，於張浦山、秦逸芬著述之外，別闢蹊徑，自樹風標。論六法於三百年間者，不讀此書，不足為知人，又何有於論世、論藝乎？今舊板幸存，補綴重印，正續二集合裝，尤便讀者。中國書店之功，詎可泯也！

一九八三年秋日後學啟功敬題

序 一

诗稿

诗稿（共十页）

自撰墓志銘　一九七七年作

中學生，副教授。博不精，專不透。名雖揚，實不夠。高不成，低不就。癱趨左，派曾右。面微圓，皮欠厚。妻已亡，並無後。喪猶新，病照舊。六十六，非不壽。八寶山，漸相湊。計平生，謚曰陋。身與名，一齊臭。

韵脚上去通押，六讀如溜，見顧亭林唐韵正

陈垣校长遗像传赞

后学启功敬撰

陳垣字援菴，廣东新會人。（一八八〇——一九七一）清末廪生，見清政腐败，有革命思想，曾攻学法律，见当时疫流行，憤志学医，创办光華医学校，同时创办報刊，宣传革命。後在北京办中学，並以革命党人身份当选众议院议员，後任教育部次長，又以次長代總長。其後历任北京大学研究所国学门导师、广东、燕京大学，英華先生创办辅仁大学，被聘為校長。解放後為贯彻教育事业加入中国共產党。院系调整後仍任北京师範大学校長以至病故。

賛曰：

启功先生专用稿纸 （14行×12字=168字）

第　页共　页

清季生员，世纪新人。

志存革命，师大百年。

学法学医，励耘教泽，

教育為重，永世绵延。

面向群众，

史学居前。

造就青年，

品学当先。

夙兴夜寐，

苦其心志。

身处洪流，

不颠不踬。

陈垣校长像

北京师 → 北京师范大学广东校友会

新会故 → 广东新会市人民政府

敬立

启功先生专用稿纸 （14行×12字=168字）

第　页共　页

廼和同志見示与不弘同志遊八達岭長城唱和詩繼作一首即希　郢正

何物奇長萬里龍，人民創造力無窮。女墻啟齒銜黃鶴，峻岭彎腰負翠空。車軌益齊途八達，城關內外語同風。一家兩院分南北，堪笑秦皇見識庸。

啟功具草

一九七三年五月

鷓鴣天　題陳健碧臨八大山人畫冊

八大山人筆入神、參天兩地冠千春、茫茫造化全無主、彈指須彌萬象新、誰狡獪、亂吾真、直教今古共難分、仲姬枉叩中峯本、可是曾捫鼻孔人、

題謝稚柳畫冊

一疊冰箋備四時、嶔崎怪石倚花枝、拈髭不費沉吟力、萬紫千紅總是詩、

論書絕句一百首

啓功

一

西京隸勢自堂堂點畫紛披態萬方何
必殘塼搜五鳳漆書天漢接元康

二

翠墨黟然發古光金題錦帙照琳瑯十
年校遍流沙簡平復無慚署墨皇

三

大地將沉萬國魚昭陵玉匣劫灰餘先
塋松柏俱零落腸斷羲之喪亂書

四

底從駿骨辨媸妍定武椎輪且不傳賴
有唐摹存血脈神龍小印白麻箋

五

風流江左有同音折簡書懷語倍深一

制版

论书绝句一百首

启功

（一）

西京隶势自堂堂，岂直纷披态万方。何必残砖搜五凤，漆书天汉接元康。

此百首中前二十首为一九三五年所作，其时居延汉简虽已出土，但为人垄断，世莫得见。此据《流沙坠简》及《汉晋西陲木简汇编》立论。二书所载，最早之简为天汉年代。汉简出土者，北宋早已无存，仅於掌帖中尚存其文，已经辗转相写，非复原来面目。明清人所见汉代字迹，莫非碑刻。且传世汉碑，多东汉人作，偶见西汉石刻，或相矜诧，或疑为伪物。五凤古刻，或石或砖，偶有流传，称同星凤。今距此诗作时又四十余年，战国秦汉竹帛之遗，纷至沓来，使人目不暇给，生今之人，享福无涯，岂止走写一遍，执手一叹哉！

231

手稿

飛轍飈輪不自安且珍餘息足盤桓垂
貫靡叟沉何惜一榻維摩丈已寬垂儉
隨時互易飽干戈無定世猶寒片雲呴
沫天南至遠勝金樽對月歡

啓功具草

红烛凉堂照寂寥々一窗寒々雨梧
潇々画无滴缘东西路心有怀
人上下潮泰苍春々迟冰雪在剑
门花落梦魂遥闻君能袖丝
纶手小隐西山或可招
得青峰写中老人为逸民之
志因写渔隐图寄之时丙戌春
日 残腊偶录 元白居士

久從仙帽識清標好句如雲
湧碧霄不許梅花誇絢爛直
將奇彩壓韓潮
右題史樹青填詞圖
奮蹄沙場萬里開時危應念
出羣材自知無分歌天馬也作
蒼蠅附驥來
右題松窗居士畫馬　啓功

憲宗迎舍利影骨元非真
退之諫愚夫貶逐臨其身
鱷魚有利齒驅於一祭文
愚夫望福報馘於刑餘人

前年題潮州韓祠之作
冊有餘葉連類書之
堅淨居士

书信

书信（共二十七通）

援老世伯大人台坐違
教多日惟
道履安勝啓者昨於固始張效彬先生瑋鏡
蓋樹中見墨井真跡絹本立幅確無可疑
謹錄原題奉
上不知足入年譜否又於日本影印「宋元明清
名畫大觀」中見一卷是吳中吳湖帆先生梅
影書屋所藏縮小過甚畫筆已不可辨

諦玩其題字亦殊不類其他畫所題不知其辭

句內容有無關繫故一并錄

上也專此敬請

文安　　侄功再拜　廿四日

雨過遙天水氣腥樹連僧屋雁連汀松風謖

行人少雲白山青冷畫屏憶予戊申嘉平

贊侯四兄同客淮上索畫此幅匆匆未能即應

忽又三年矣今歸霅山聊寫大痴遺意殊

嶃放犨耳庚戌閏春 吴歷

右張氏藏

甲寅秋日倣方壺筆意於飲綠山房適

籬菊初開頗有佳興 漁山吴歷

右吴氏藏

伯简先生台座：倭氛阻手，依然艰涸，甚以悒悒。来藉悉尊况，缘常为之欣慰。今夏间台从有以来之讯，而又不果，为之怅怅。求教之外，惟以涂抹骗钱，所画致无一笔性灵，识可哂可叹。前书笔待达。承命见索拙笔，苦无惬心之作以副

知己不果固懒惰也未前因临笺蒙惠
镜年学习书法选集家本极可贵
同材料渐多不以为成篇发表于辅仁
学志谨附上寄上一份至希
破格指政为稍加气合表示微心诗数
首容别写呈挂直即尝着笔待寄日日
倚电油灯昏黑小室秋雨倍增怀人之念

建公處亦吾一本 霽野 詩英 兩公想
常晤面 希
爲致敬
講授之暇何所遣興 乞賜 时惠寶稿
以代晤語 專此即頌
撰安 弟功 謹上 中秋前一日
前得小銅印人云是秦璽鉢不知確否印呈 一粲

243

中行大德吾师侍者：昨夕拜奉
寄赐近著《负暄琐话》，捧读四遍不能
释手，及至终卷，已晨四时余。午十二时半
起床，亦待盥漱，亟具寸笺，以申受
教之益。昔人云：嬉笑之怒，甚于裂眦；长歌
之哀，过于痛哭。此则小中见大，淡中见浓，摸
此前所举应谓解剖狮子如解剖蚊子耳
者要屁股如摸婴儿肌肤，世间普宣无常

悲成樂園仙樂奏中子六國如何悟所謂雅人深致
者只是不屠獵他罷了至於吹毛之求果如者
一端人生年歲多有差數以大先師壽夭不齊
亦以某人為主又謂某人長於一歲某人少於二年
則未免近乎以某人為中心雖猶又某人因有其佳象
如某子最愛狗如不知其為獵狗時決不可愛然嘗
一度在鷹下牽狗你承獵人此乃時則但覺其肉之

真而不見其皮毛之光澤矣。出之大作，一出如佛按指海印發光，弟子從之一出，則輪迴振動泥犁門庭若何耶。慈悲喜舍懺悔也。出中多弟子更欲與象教之人諷讀，高文亦足使人肝腸易但覺中果位不同所致之者，無佛則已，如有佛而可以人身成者，唯李夫人王氏一人而已。紙短情長，詳容續具，謹求棒喝。題勿示人。敬請

道安

弟子沙彌功和南

十月廿七日燈下也

啓功函　手医版卅三号

夢家先生：前承

詢輔仁所藏甲骨拓，圖書館負責人談：天壤閣已印者外，尚有卅一片現在本館，所存全份拓本只賸一份，故不便拓贈。此外有殘本兩份，一存廿八片，一存兩片，如不嫌殘缺，可以交換，無論書籍圖片均所歡迎。如無可取，尚希

示復，俾不專為我

公保留也。專此即頌

撰安

弟啓功頓首　三月十日

苗公我兄尘右：

昨夕匆匆手教之，未得畅游书肆、卷之今晨想已登行矣。昨晚归来见到尊社所惠审稿费，读书一遍，不缴学费，反獲厚酬，真觉惭悚！又承谬许，累称过誉，真将谓名不副实矣！谨先申谢，並表歉快，以所校实不周密也。近檢陈凡同志寄赠王羲之墨迹帖一册，自快雪以下，俱見收刊，故思取敝藏旧印诸本一对，記得數種尚在尊处，昨後「中華墨寶集」之外記得尚有「奉橘」、「澄清」「宋拓王右军书」「十七帖」数种，（此数種容或記误，請諒吾曾「記诈」之嫌也哈哈！）如暂时不用，俱擬取觀，用畢再行奉上參考。日内擬當谒自取，千万勿勞遠送，因尚擬借看尊書一二種，故必須自往，非客氣也！專此，敬頌

撰安！

弟功謹上

十月十一日

十六日發。

苗子先生賜鑒：
阿英同志所藏有關紅樓夢之手
札，頃已檢出，另郵寄上。
饒自然之書，已讀畢，極有關係。
尤其詹景鳳之跋，弟更感興趣。
足下之考訂已詳，於斯書之源流，已無
餘蘊，至深佩服！
大作多條亦俱盥誦一再，極有前人

未发之蕴，弟觉此数研究成果之积累，乃是新美术史之基石，诸悬案一一解决，则新史必将焕然一新之面目。补缺拾遗，亦敬贡愚见及材料线索数条，以供采择。俟稍暇，即当题呈。弟近正忙于注释扫尾，故比假前更紧张些也。专此致

敬！

弟功谨上　三月一日夜

蕭雪兄：承

指示拙著誤字，至為感謝！因原稿抄寫

倉卒，校對不細，平仄字樣太多，時常

牽混致誤，已校出數處，至

示者，其一也。又聲与磬古通，当可用，陳

子良陳人，与唐人陳邵為兩人。相字一作想，

板本不同，似以相字為長，言將來我老了能回江南

再見此景，乃預期之意，如云見此景則想到

江南某物，却与白头二字无涉，故采用相字之本意。「何时一樽酒，重与细论文」，少陵之愿，今要以笔随时寻得，真多事矣！专此申谢，即颂

撰安！

弟功上 十四日

靜芝先生座右故宮研討會弟之旅
程屢費
清神至深感荷今距六月會期日近
念之欣喜益覺瞻晤非遙倍已似神馳
左右矣研討會弟分得題目為心畬先生南
渡前之藝術生涯勉撰一稿下筆不能自
休為恐貽笑於會場乃以上塵我
公先予審閱如見謬誤乃懇逕加削改之後

更求
賜爲轉致故宮如蒙
秦院長印可則拙稿付印庶可免於騰笑
矣又旅程手續所需之照片等件爲免於
另封易失因即附於此函併求
吉便代轉禮平兄通話謂弟之身分又生枝節故
都照償得我
公款付前途庶可先再生葛藤焉瑣瀆莫莫歉

北京师范大学出版社

反弥古轉維阮叨
深知必蒙
亮察，把晤可期，统容泥首。專肃，即叩
春綏
弟启功再拜
三月六日

北京师范大学出版社

先晴同志賜示蜀游近作並索觀俚什

爰錄待正之稿以求

斧削

燼餘本五代宋元諸家詞謹數量抄本也

一派翁屬題同冊中韻書兩部鈐聚先生

舊藏題識甚詳

雪宗健筆擅詞壇手跡縹緗語不刊擊檝

代興豪氣在更將餘力護叢殘

青阁细字间丹黄，玉振金声聚一堂。一叟勤搜非好事，精蒔蘩海发红藥。

题友人所藏时人画册，册中有长江、黄山、李白行吟、钟馗小鬼诸图

雅玉精笺白，朝霞小印红。大江流九派，高岭立群松。面目分人鬼，云萍聚雪鸿。新陈更迭宗，应见画中雄。

题潘天寿画卷

寫似當情行草地石終無語臥花陰蕭寒

經卷剛三尺蘇黃筆毫值萬金

賀蘭山石硯

中華民族數騰變萬里輿圖一版收硯是賀蘭

山上石班超當筆莫輕投

千年採得高山石眾好成為巧匠心寄語臨池揮

筆客要知一硯重萬金

龍尾研

硯務千年久，良材此日多。柔穎增利器，筆底起謳歌。膚理牛毛細，雕鐫楮葉過。手摩一片石，神往歙山阿。

奉題古文字研究會年會獻頌二首

昔傳星斗煥文章，真見文星聚一堂。考古發今新義富，篇篇著述邁三蒼。

學海多慚預勝流，又從北國到南陬。車書枉說嬴秦一，稱及今期古壯猷。

纸生笔秃者不成字，如此行小卷，当遗简尺之责矣。姑先缴去，以免成白首也。

即明

撰祺

启功敬上 廿二日

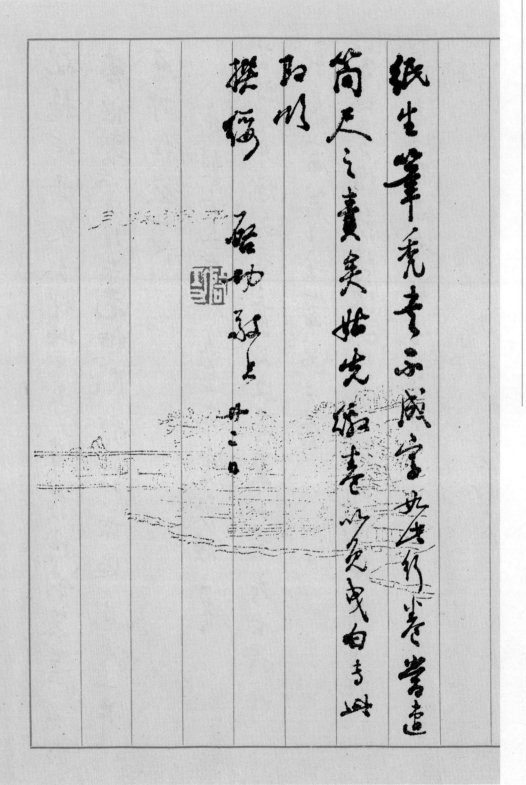

博宽吾兄：

命箑之件，谨书堂幅一纸，录拙作数首，以为笑噱之资，尤不足观也。花笺联，踌躇一再，不敢着墨，以弟指书联，本无经验，佳纸当前，必定写坏，不如且留赏玩，查板工艺也，因将原纸奉璧。

賓耆兄以常纸撰句奉呈，直接寄上。孙同志百忙中为取杜老，枉驾两次。是迟所致，深为抱歉！专此即颂
撰绥！
弟功敬上
九月十二日

心如先生：久违为念，前读 鸿文论马连良者，至深佩服，此非一般评戏之作可比，如是公平，如是透澈，随学术理论之作，亦将望尘莫及，如评诺贝尔奖于文学域中，非兹篇其谁属！季伯大人书展签题，以遵 命书上，请 指正！弟 功拜 廿五日

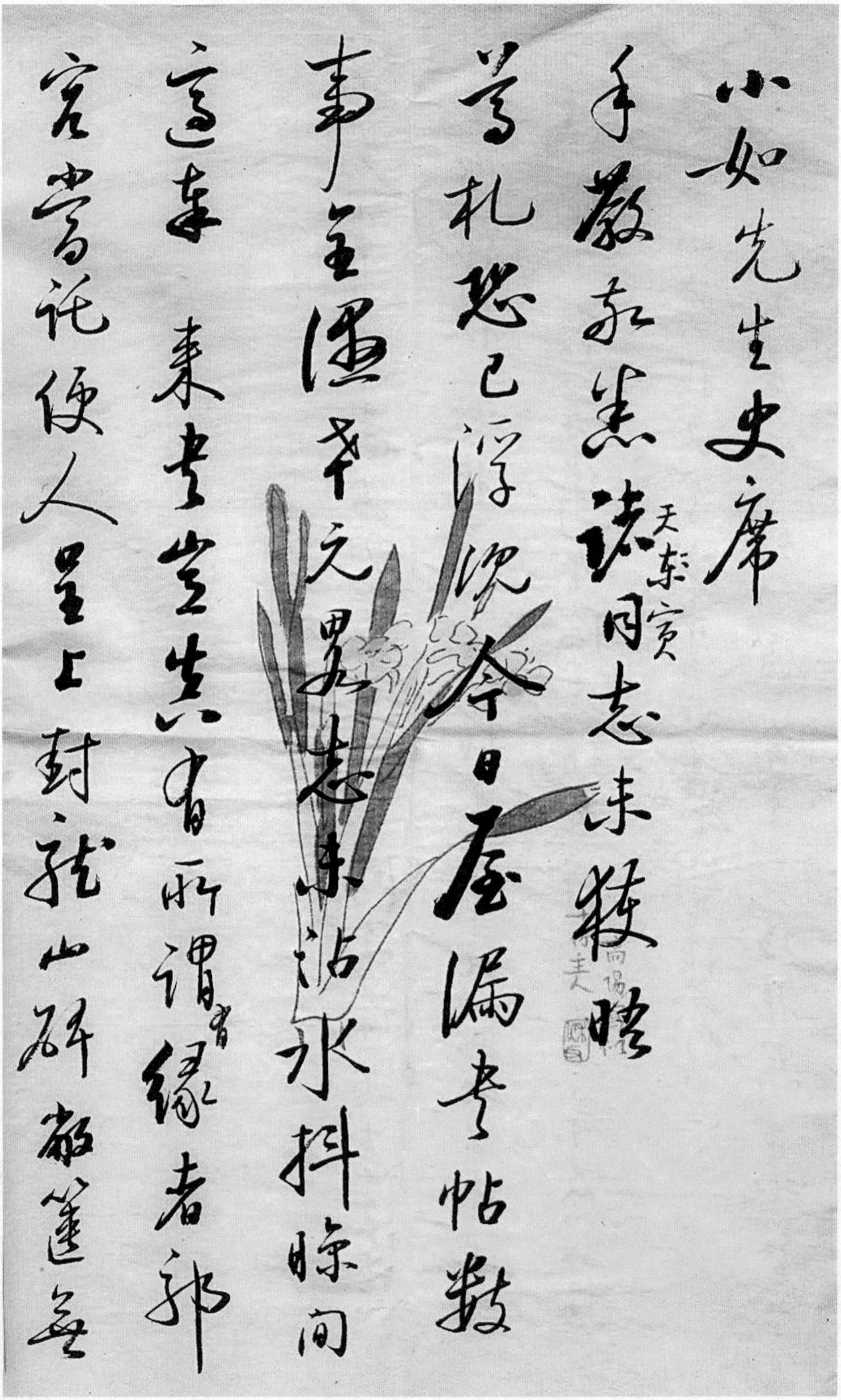

小如先生史席：

手教承悉，讀天東月賓志未獲睹

簡札恐已浮沉。今日屋漏，書帖數

事至濕，幸元男志未沾水，料晾間

遺集來書嘗告有所謂省緣者郭

定當託便人呈上。封龍山碑敬遂無

大著論史貫穿源流之文其千秋之作蓋

此乎内行不能為學者不[illegible]為亦不能為而

天地間有[illegible]精[illegible]王静庵之宋元

戲曲史鑿破[illegible]力[illegible]至淺[illegible]

[illegible]也[illegible]於大著亦[illegible]之然[illegible]不[illegible]其指

首屈一此致敬禮[illegible]功[illegible]

七日

新夏同志：命题
令祖遗稿，一再垂询，实以昏忘，又兼
冗杂太多之故。今日猛忆起，亟盥沐敬题，
兹已逾误，仍以上寄，冀赎前愆耳！弟功拜
九月九日

新夏先生惠鉴：三月一日
手教早悉，所示前函并
大著，可能遗失，致延迟题
签，至歉至歉！今补书如后，祈
谅詧。弟近题书签多半字
大，印时不加缩小，每觉难看，
兹写力求较小，如书册略大，可放
大印些，付印如何。即颂
撰安！功上

甘眉同志：

久仰了，未得承教。前由吕磊将
同志转来 所赐大作葡萄一幅，
诗书画俱造妙境，不胜钦佩！
功 笔砚久荒，有时畏习学书，
画笔则廿年未动，原思勉答
琼瑶之投，藉求

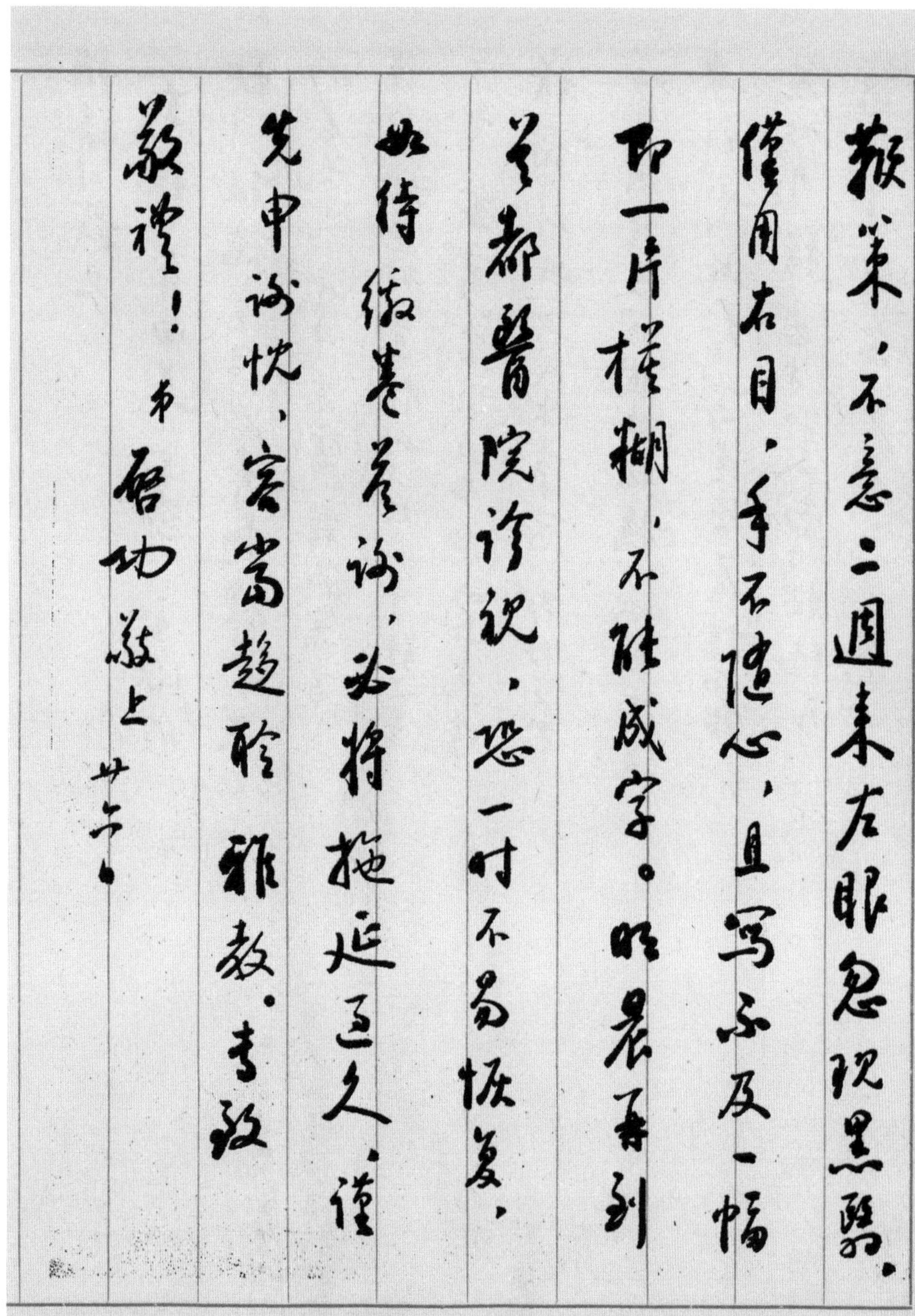

拔業，不意二周来右眼忽现黑点，
仅用右目，手不随心，且写不及一幅
即一片模糊，不能成字。昨晨弄到
首都医院诊视，恐一时不易恢复，
所待微卷若诺，必将拖延过久，谨
先申谢忱，容当趋聆雅教。专致
敬礼！　弟　启功　敬上　廿六。

伯琦我兄：

奉到自曲阜手示，至深欣快！板桥资料，奇趣横生，真妙墨也！函中「京斋」疑为「寓斋」之误，因「枝下村」在扬州，故不可能又云京斋，或「寓」字形近而讹，如果光暗难辨，则此画或出摹写。即使出於摹写，其文词固出板桥，仍为重要史料也。此藏处是否博物馆？应如何称，因要记入「郑谱编」中，当注其收藏处也。

民国史是大工程，我

見此書搜集之富，有若干新發
現。兄聞諸元白先生云孔德成之父
或其上一代某人，襲衍聖公，曾經多
端。兄在陵寢不在所中。
墓子碑刻石傳拓甚多，今雖禁
拓，總之不值一拓矣。想之剝落更多故
可。
孔墓中究有何物，上次挖開，有何
出土物？兄知之乎？
北京南郊黃土崗公社出現漢墓，
可能不減馬王堆，兄有所聞乎？聞
日內可發掘。多從佛寺，或可
值其清理時。

孝萱兄同志：收获之后，亦多
未知与兄分工如何？又未来同志
中有何人？会上见兄同志否？
　贱疾最近又发作累次，但尚轻，
只头晕数日即好了。尚未能上班，
尤令人着急，以乘车时最易发，
盖车行颠簸之故。极祈
注念，亦以奉陈。
　匆匆布复，即致
敬礼！　弟功谨上
十月十九日

揩翁先生左右：前年

教之，敬悉以尊藏盛意園先生墨跡將

賜為徵選之資，

厚貺高情，敢不拜領。惟功介然一手珍弄無所，

昔日所存先人遺物全部捐與遼寧博物館，今

拜嘉賜，亦人又將轉交博物館，因敢竊申下悃。

高誼自拜，敬紉寶墨，仍求

代管容日敬趨

高齋一飽眼福又

大筆一幅參加瀋陽書展者已經取回現存鄙舍

垂棟歸來裝經周折矣所幸完好無損猶足慰

懷功近將應香港中文大學之招前往講課約須

月餘時日待返京後即當叩謁

文几以求教益專此不盡即頌教安

啟功敬上

廿七日

靖寰同志：那天来访未遇，罗雯始终无回音，后又将彼素索之画扇两页去，以示敬斋，据送去人说，彼并未拆包看扇，其态度如此，实无人不解。只好再等一等了。鹤铭事，看了前文，觉其言之颇有理，惟根据光敏本无印本，插图又太小耳。日本印中华墨迹大册，希望早从苗雯取去借照，因闻彼于春节又将赴港，恐其家人不接头也。功上 十六日

禮平先生
碧珊女士 儷鑒：去歲旅港，多擾
清神，感荷之私，非言可諭。奉到喜柬，
尤欣慰莫可言宣。今知勝游定已歸來，
未奉寸箋，以申遥賀！弟秋日歸來，寫
夜須作，失眠已成常事，羨于應作之事，但
致擱置，亦甚惱人也。年前承 賜寄畫冊，已

風標似石濤，靈活痛快，在今確非大家、非
孤陋如弟，竟未聞其大名，足見吾輩刊物鄭過
隔閡，卻誤多少事情。年前弟曾將我校影印
拙作字冊，題為「啟功書法作品選」者三冊寄奉
李鵬翥先生，託為轉呈，二一致李公，一致饒公、
一寄我兄。今鄭過失誤極多，書冊、年歷盡失

尤多，竟不知得達否？又錢公曾专来，约為二三社撰文，此文義不容辭者，本擬拟文撰出後，呈錢公先閱，即附專箋，以候選堂起居，惟文稿未成，修箋遂並延遲，望兄先代致歉致歉！近日稍暇，妄寫山水一幅，惟不敢付郵，待有便人，再託帶去，以表賀忱！新春敬想堂上雙福，並兄寶眷时，請代叱名致叩！

尊寓址有變化否？因在港亦將修理華居，為洞房之準備，恐有郵寄差誤，故仍求

鵬翥先生賜轉也。今日晨起見大雪，此今去冬以來北京首次好雪，奉聞擬有同感否！專此即頌

儷安！並叩春禧！　弟啟功敬上　十七日

281

手稿

荣琨同志：

命书之件写成寄上、来纸被我揉乱、恐非原有尺寸，如有误、当再写，不必客氣！

照相事可是年假一二日间来照好吗？

王同志眼病、陈智盛胃想俱已好。

功现为完成校稿印样、每日到出局工作，以免琐事干扰。那天枉顾失迎为歉！

敬礼！

功上 二 廿一日

智健先生

順彌夫人儷鑒：九四年末，曾奉

尊札，於拙書寶界橋碑，多所獎飾，慚悚何似！又獲賀年箋片。時以多種聯歡困擾，日不暇給，致遲奉復，深蒙

察宥！茲值乙亥新春，敬具蕪函，遠申

祝頌！頌

儷祉增勝、

闔第萬福！遥望南天，不盡百一。弟功再拜

十二月廿三日

渡邊隆男先生
高島義彦先生
西島慎一先生

近日獲悉 兵庫縣地震災害嚴重，凡我友好之士，莫不深切驚怛！竊念 貴社近將出版拙作論書絶句，倘有稿酬，無論多少，全數敬求 代捐救災機構充作捐款。阪神之災，無任感戴！實以我國貨幣，現尚未能廣泛流行，故擬用稿酬，以表微意。並求代向犧牲者之家屬及傷員致以誠摯之慰問！

夏歷新春在即，謹依我國習俗，敬賀新春之喜！

啓功敬上 夏歷十二月廿二日

连城竹宣纸

高島義彥先生：

尊藏檗山寺碑，已由張明善先生精心裱成，敬待

台駕光臨，親自檢收。功已自醫院歸家，

惠臨當拱候也。王石谷畫卷極贊

清神，複印精彩，至深感謝！諸俟面叙，即頌

撰安！

啟功敬上 十月廿五日下午

第 页

手稿

尊敬的明復同志：

许久未领 教言，敬想

起居增勝！现有汇报三事，分陈如下：

一、去秋承 大教，努力向国外宣扬祖国文化，曾与九三学社对外联络部牟小东同志约集潘絜兹同志（画家），同赴新加坡展览；今夏复由牟组织七人赴香港讲演；今冬新加坡书学会二十周年复约牟与 功同去祝贺，归后当再详作汇报。

二、功以中国书法家协会成员，当舒同主席因年高求退之时，多人競争不决，乃参考投票之数，以缓争端，遂由 功承乏（投票协商种种会上，功俱因出差到上海鉴定文物而未能出席）。

功於团体组织工作，本无能力，且体多病，心脏之病尤剧。又兼会内各方实力人物之争，每

装　订　线

提出功之名义。其不相招呼即自提出者不计外，即偶作为当面关照，功实亦莫从表态。于是"旗竿"同时又起"靶子"之用。今当文代会筹备之际，"委员"、"代表"等等人选，又成白热之点。侧闻参加筹备之同志言：此次各协会之"主席"为当然委员。又闻有年老者可免活动之照顾。功年早满七十六周岁，从前有群众团体不办退休之说，每苦求退无从。今闻有此照顾之精神，因敢冒昧陈请。又以不知应向何处呼吁，只得恳求自己的组织领导，倾诉下情，恳予大力支持。如能在文代会前得遂所请，则大会上不致多一病号，乃至缺席之人，则公私俱有便利。敬求鼎力，赐助解脱，无任感盼之至！

三、今日有一人，名杜全兴（自称为北京制呢厂工会干部）。在董寿平同志家求写"北京书画

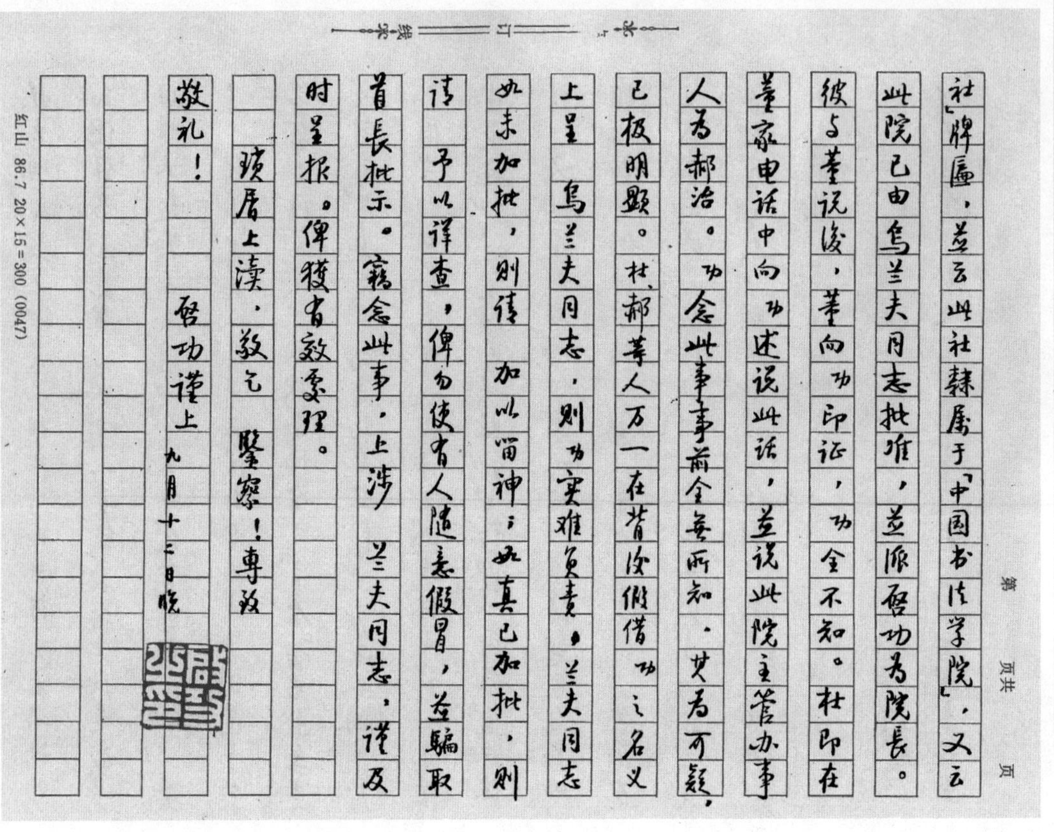

社」牌匾，并云此社隶属于「中国书法学院」，又云此院已由乌兰夫同志批准，并派启功为院长。彼与董说後，董向功印证，功全不知。杜即在董家电话中向功述说此话，并说此院主管办事人为郝治。功念此事事前全无所知，其为可疑，已极明显。杜、郝等人万一在背后假借功之名义上呈　乌兰夫同志，则功实难负责，乌兰夫同志如未加批，则须　加以留神；如真已加批，则请　予以详查，俾勿使有人随意假冒，并骗取首长批示。窃念此事，上涉　乌兰夫同志，谨及时呈报。俾获有效处理。

琐屑上渎，敬乞　鉴察！专致

敬礼！

启功谨上

九月十二日晚

熹年兄：：弟连日感冒，困倦不堪。兹由

李姐：：

舍内侄章景怀送呈此书，敬乞

过目。如有不适合处，请示下改写。

客气话不说了，铭感：：！！即颂

晚安！

弟功敬上

卅日

湛湛先生：违
教又多日，亦想
兴居增胜！伏以拨乱反正以来，百废待
兴。昔惨成堆瓦砾，今来盈席丛珍，
素餐自愧，每不能效微劳者。念
先生学林望重，著述宏多，夙夕宣劳，
朋侪景仰，非第一人之私言也！九三学社者，
革命知识分子团体之一，每于佳时胜日，促

膝谈心，以有共同语言，倍感披襟之乐。况复虚心集益，更收切磋之效。民主党派本以政治提高为主旨，而九三尤当四化需材之时，更有学术开济之重任。是以伫盼高蹈，久深瞻望！倘荷惠然肯顾，使白莲之社，不特以阐明增重，宁非今之佳话乎？又携手并进，期敦革命之楫航；马列更高之队伍，门阀宏开，九三无阻於平头之步也。社中同志年长者居多，会议频繁，必於健康有所影响。是以精简集会，亦一特点。故於治学从公，并无妨碍，实际问题，亦须先为年长者。今年酷热，残疾复作，终宵失眠，来日疲惫，不克趋候面陈，谨先肃笺佈臆。诸维谅鉴，即叩

撰安！

弟启功敬上　八月一日

敬启者：北京师范大学博士研究生吴龙辉同志，自本科起，历攻硕士、博士学位，取得良好成绩，结业评定，俱列前茅。其博士论文《原始儒家考述》，综览大量古籍，乃能挈其要领，于儒家学说递嬗之迹，于纵于横，爬梳详尽。平日交谈，知其于古学常识，亦甚淹贯，辞章之道，亦所娴熟，能作文言体诗。在敝校本系本科学员中，亦有鲜觏之感。此次博士学位答辩之主考者为赵光贤教授。

古史专家，评奖水高，并不以鄙人私交而有偏爱。今年冕徵其论文之实质不低也。吴同志于博士课业之前，即曾发表许多论文，每有精辟见解。一些历届学业，俱承我系教授聂石樵先生、邓魁英先生辛勤指导，故能学有本源，深入研究门径。鄙人每于其论文中获得启发，未敢言有指导之实。今闻

贵校举办中文系博士后流动站之设，吴龙辉同志经鄙人劝导恳惠，申报求予接纳，以备有以深造，而补前此攻读博士学位时所学之不足，倘蒙

準許入學，俾此材更多成長，
教澤無涯，鄙人同此獲益。專此推薦，仰企
垂示，感荷之私，匪言可喻！專此敬上
北京大學中文系博士後流動站負責同志台鑒：

北京師範大學中文系教授博士導師啟功

一九九二年十二月八日